Serge Grünwald

Mein Handbuch zur Selbstmotivation

Autor und Verlag danken für die Unterstützung:

Lernplattform für Organisationen.
Strategie – Kultur – Teamentwicklung – Industrie 5.0

lernwerkstatt
Lernen mit Begeisterung.

Bildungszentrum für Erwachsenenbildung, Coaching,
Beratung und Personalmanagement

Der Zytglogge Verlag wird vom Bundesamt für Kultur mit einem Strukturbeitrag für die Jahre 2021–2024 unterstützt.

Lektorat: Alisa Charté
Korrektorat: Ulrike Ebenritter
Umschlagbild und -gestaltung: Patrick Hemmelmayr
Illustrationen: Patrick Hemmelmayr
Layout/Satz: 3w+p, Rimpar
Druck: CPI books GmbH, Leck

ISBN: 978-3-7296-5137-1

www.zytglogge.ch

Serge Grünwald

Mein Handbuch zur Selbstmotivation

Die besten Modelle und Anwendungen aus über 1000 Workshops

ZYTGLOGGE

Inhalt

Zum Geleit

Serge Grünwald greift Themen und Inhalte auf, die schon in einer schier unendlichen Zahl von Büchern, Abhandlungen und Vorträgen beleuchtet, erklärt, doziert und beschrieben worden sind. Trotzdem ist das Buch von Serge ein großer Gewinn. Es lohnt sich, beim Lesen darauf zu achten, was der Autor betont, zusammenfügt, verstärkt, weglässt; welche Brücken er schlägt, welche überraschenden Schlüsse er zieht. Genau jene neuen Kompositionen machen dieses Buch so lesenswert und eröffnen den LeserInnen neue Dimensionen.

Einer Sternwanderung gleich beschreibt er verschiedene Wege zu verschiedenen Themen; ob neue Pfade oder altbekannte, die mit neuen Wegweisern ausgestattet sind; manche sind gut zu finden, manch andere halten Überraschungen bereit und benötigen Zeit, Sammlung und Sorgfalt. Einige machen Lust, sie öfters zu gehen, andere hingegen fordern uns etwas mehr heraus.

«Intensität durch Reduktion» ist einer der zentralen Wegweiser in unseren Seminaren. Serge gelingt es sehr gut, uns zum jeweiligen Thema einen kräftigen «Bouillonwürfel» zu servieren. Mit ausreichend Wasser – die Menge bestimmt die Leserin oder der Leser – ergibt sich eine schmackhafte und nährende Speise. Wir empfehlen, sich diesen Genuss nicht entgehen zu lassen.

Wie Serge mit den Inhalten der zentralen Themen des menschlichen Zusammenseins spielt, sagt viel über sein Menschenbild aus. Anlässlich der Seminare auf der griechischen Insel Kalymnos oder im Kloster Schönthal durften wir miterleben, wie Serge viele seiner im Buch beschriebenen Inhalte, Werte und Überzeugungen im Zusammenleben und im Austausch mit anderen Menschen lebt.

Es sind verinnerlichte, nicht zur Schau gestellte Inhalte; sie sind auf eine unaufgeregte und natürliche Art mit dem ganz gewöhnlichen Alltag verwoben. Die Verknüpfung von thematischen Inhalten mit persönlichen Erlebnissen macht das vorliegende Werk nahbar, sympathisch und lebendig. Serge serviert uns nicht schwer greifbare Theorie, sondern persönliche Geschichten im Spiegelsaal hilfreicher Modelle und Konstruktionen.

Göpf Hasenfratz und Walter Häfele

Einleitung

Was ist Selbstmotivation? Wie kannst du diese erfahren, ausbauen und stärken? Wie soll das funktionieren …?

Von vielen Seiten höre ich immer wieder, dass so ziemlich jeder Mensch in seinem Leben mit etwa zwei- bis dreihundert Krisen konfrontiert wird, von denen meist vier bis sechs als wirkliche Lebenskrisen bezeichnet werden können. Wie kannst du es leichter schaffen, immer wieder aufzustehen? Welche Möglichkeiten bieten sich an und können einfach in den Alltag integriert werden?

Ich habe das große Glück, dass ich durchschnittlich 300 Teilnehmende pro Jahr kennenlernen darf, die ich in Seminaren und Workshops begleite; sowohl in Gruppen- als auch in Einzelsettings. Somit sind über all die Jahre mehrere Tausend Menschen zusammengekommen, die ich auf ihrem Lebensweg unterstützen durfte. Dabei ging es stets um die Weiterentwicklung von Ressourcen, Charaktereigenschaften und Verhaltensweisen, gleichwohl um neue Perspektiven im Berufs- oder Privatleben.

Ein weiteres großes Glück ist, dass ich in den vergangenen Jahren unzählige Weiterbildungen bei großartigen Mentorinnen und Mentoren absolvieren durfte, welche mich nachhaltig prägten. In den Weiterbildungen haben mich die Philosophie und Haltung der Existenzanalyse nach Viktor Frankl sowie die Positive Psychologie nach Martin Seligman am stärksten beeinflusst. Auf persönlicher Ebene waren und sind es Göpf Hasenfratz und Walter Häfele; in vielen Seminaren und Workshops im Bereich der Persönlichkeitsentwicklung.

Alfried Längle, bei dem ich meine Ausbildung im Existenzanalytischen Coaching absolvieren durfte. Und schließlich Peter Wild, unser Meditationslehrer, bei dem ich verstärkt erfahren durfte, was Besinnung in Kombination mit Entspannung bedeutet, und der mir die Auseinandersetzung mit verschiedenen großen Denkern der Geschichte nahebrachte.

Dieses Buch fasst zusammen, was ich in all der Zeit beobachtet und gelernt habe; wie Menschen sich verhalten, um immer wieder aufstehen zu können. Meine Erkenntnisse werden von Methoden und Modellen untermauert, die intuitiv von den Lesenden angewandt werden können.

Da Geschichten nachhaltige Impulse bieten können, findest du in diesem Buch zum Abschluss eines jeden Kapitels eine kurze Geschichte, die vielleicht auch dir einen solchen Impuls schenken wird. Beispielsweise Geschichten über Menschen, die in einer tiefen Krise steckten, aber nicht daran zerbrochen sind. Geschichten, die zeigen, was Menschen benötigen, um wieder aufzustehen. Oder Geschichten über die kleinen Wunder des Lebens, über Abenteuer oder tiefgreifende Erfahrungen.

Natürlich kannst du dieses Buch in einem Flow durchlesen, was mich sehr freuen würde. Doch du kannst es auch als Lehrbuch nutzen. Schau, welches Modell dich besonders anspricht in deiner aktuellen Situation. Im jeweils zweiten Abschnitt eines Kapitels erhältst du konkrete Anwendungsvorschläge. Dabei habe ich mich bewusst auf jene Anwendungen fokussiert, welche sich leicht und vor allem freudvoll in den Alltag integrieren lassen. Alle Anwendungen praktiziere ich auch selbst und bin überzeugt, dass damit die eigene Einstellung und Haltung trainiert werden und die Selbstmotivation steigt.

Damit eine Methode oder ein Modell sein Potenzial entwickeln kann und du auch ein Gefühl dafür bekommst, ob diese zu dir passt, würde ich dir empfehlen, diese mehrmals anzuwenden. Dann beginnst du die Veränderungen zu reflektieren. Was hat sich verändert? Inwiefern spürst du, dass sich etwas verändert hat? Welche Aspekte sind nun positiver? Gibt es auch negative Veränderungen, und wenn ja, wie fühlen sich diese an? Wenn nun die positiven Einflüsse stärker sind als die negativen, dann integrierst du sie in dein Leben.

Zuletzt glaube ich fest daran, dass man bei dem, was man tut, Freude verspüren sollte. Wenn du merkst, dass es dir Freude bereitet, an deiner Haltung und deiner Selbstmotivation zu arbeiten, dann bist du mit Sicherheit auf dem richtigen Weg.

Durch die Freude verlierst du den Druck, etwas durchziehen zu müssen, und stellst fest, dass dein Leben nicht schwarz oder weiß ist. Du erkennst die zahlreichen Grautöne dazwischen und findest dein ganz eigenes, besonderes Farbspektrum. Denn: Es ist *dein* Leben. Es ist *deine* Haltung. Es ist *deine* Selbstmotivation.

Wenn ich dir hierzu mit diesem Buch Inspiration geben kann, dann freut mich das sehr.

ENERGIE

Energie

Wie du positive Energie tankst

Die Auseinandersetzung mit der Positiven Psychologie war bis anhin einer der entscheidenden Wendepunkte in meinem Leben. Ich fand darin Antworten auf die Frage, wie ich mein Leben gestalten wolle. Darauf gebracht wurde ich von meinen beiden Coaches Göpf Hasenfratz und Walter Häfele.

Meine Weiterbildung umfasste die Grundlagen, welche unter anderem auf dem Buch *Florish* von Martin Seligman basieren. Martin Seligman ist Professor an der University of Pennsylvania in Philadelphia (UPENN) und gilt als Gründungsvater dieser mittlerweile anerkannten Disziplin in der Psychologie.

Wahrscheinlich liegt es in den Anlagen eines jeden Menschen, immer wieder Phasen zu erleben, in denen man auf der Suche ist – auf der Suche nach Antworten auf die Frage, wie man sein Leben leben möchte. Martin Seligman ist überzeugt, dass jeder Mensch Wohlbefinden erleben möchte. Dabei meint er insbesondere soziales wie auch geistig-emotionales Wohlbefinden. Bei mir kamen diese Phasen meist während einer Krise oder kurz danach. In mir tauchten die Fragen auf: Weshalb ist mir das passiert? Weshalb bin ich gescheitert? Was hat das mit mir zu tun? Wie kann ich mich beim nächsten Mal vielleicht anders verhalten? Und ja, ein nächstes Mal wird es sicherlich geben …

In diesen Phasen war es für mich jeweils schwierig, einen klaren Kopf zu behalten. Es fühlte sich an, als zöge man mir den Boden unter den Füßen weg, als verlöre ich die Orientierung. Wenn ich dann allerdings versuchte, meine Gefühle aufzuschreiben, Hintergründe und Überlegungen zu Papier zu bringen, kam ich überraschenderweise immer wieder auf sinnvolle Gedanken und Resultate.

Das Energie-Modell

Ein solcher Gedankenfluss führte mich damals zur « E-N-E-R-G-I-E ». Ich überlegte: Was gibt mir Energie und was nimmt sie mir? Wie nehme ich Energie wahr? Und vor allem: Wie definiere ich insbesondere « positive Energie »?

In dieser Reflexion merkte ich schnell, dass Energie für mich nicht eindimensional ist, sondern verschiedenen Faktoren unterliegt. Dieser Gedanke war der Beginn für mein « Energie-Modell ». Ziel war, ein Modell für mich zu definieren, das diejenigen Faktoren beinhaltet, die für mich positive Energie generieren. Dass sich die Anfangsbuchstaben der sieben Bereiche als Akronym einfach zu den für mich relevanten Punkten zusammensetzen ließen, war in sich ein sehr positives Erlebnis.

Als darauf aufbauende Idee kam mir die Metapher des Thermometers in den Sinn. Welche Faktoren im jeweiligen Bereich empfinde ich als energiefördernd und welche als energiemindernd? Ich stellte mir ein Modell vor, welches, ähnlich wie ein Thermometer, eine Skala hat. In der Mitte der beiden Pole befindet sich der neutrale Bereich, diesen markierte ich mit null. Was ich weniger als null/neutral empfinde, nimmt mir Energie, und zwar bis maximal minus zehn. Was ich als energiefördernd empfinde, versuche ich auf der Skala über null bis maximal plus zehn einzuordnen. Das Ganze visualisierte ich mit den Farben Rot und Grün, und fertig war das Modell.

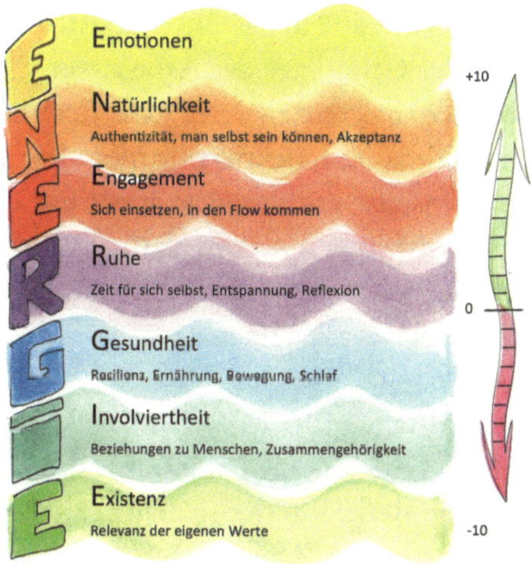

Der Ursprung meines «ENERGIE-Modells» ist das wissenschaftlich fundierte Modell «PERMA».[1] Dieses von Martin Seligman ins Leben gerufene Akronym definiert eine der zentralen Grundlagen der Positiven Psychologie: das Wohlbefinden. Dabei ist es für Seligman von zentraler Bedeutung, dass Wohlbefinden nicht mit Glück verwechselt wird. Wohlbefinden ist vielmehr ein Konstrukt, das fünf messbare Elemente miteinander verbindet:

- **P** = Positive Emotionen,
- **E** = Engagement,
- **R** = Relationships = Beziehungen,
- **M** = Meaning = Sinnhaftigkeit,
- **A** = Accomplishment = Erreichtes.

1 Seligman, Martin: Flourish – Wie Menschen aufblühen. Die Positive Psychologie des gelingenden Lebens. München 2014.

Die Idee des Thermometers entwickelte ich während meiner Ausbildung bei Alfried Längle in «Existenzanalytischem Coaching», auf der Grundlage der Arbeit von Viktor Frankl, dem Gründer der Existenzanalyse und der Logotherapie. Demnach soll regelmäßig reflektiert werden, wie sich ein Gedanke oder ein Umstand anfühlt, was dieser mit einem macht und welche Möglichkeiten allenfalls darin stecken. Als Metapher und dadurch visualisiert eignet sich die Funktionsweise eines Thermometers ausgezeichnet.

Anwendung im Alltag

Für mein «ENERGIE-Modell» nutze ich drei Umsetzungsschritte: erstens die Reflexion der sieben Bereiche durch konkrete Fragen, zweitens das Thermometer und drittens einen Jahresplan.

Die sieben Bereiche in der Reflexion

Nimm dir für diese Anwendung ca. 90 Minuten Zeit. Am besten funktioniert es bei mir, wenn ich dabei in der Natur spazieren gehe. Nimm ein Notizbuch zur Hand. Kleiner Hinweis: Ein hochwertiges Notizbuch kann für ein zusätzliches positives Erlebnis sorgen. Besorg dir ein schönes Exemplar, das du für deine speziellen Momente nutzt und in dem du deine Gedanken niederschreibst.

Das Spazierengehen in der Natur verbindet viele positive Aspekte. Wenn dein Körper in Bewegung ist, ist es auch für deinen Geist leichter, in Bewegung zu kommen. Gute Luft mit genügend Sauerstoff sowie ein weiter Blick, vielleicht auf die Berge, in ein Tal oder hoch zu den Baumwipfeln im Wald, wirken sich ebenfalls positiv auf deine Gedanken aus.

Nun nimmst du dir die Punkte aus dem Modell entweder der Reihe nach vor oder du wählst nur diejenigen, die dich gerade ansprechen, und beantwortest für dich die jeweiligen

Fragen. Stell dir selbst diese Fragen und versuch dabei, in einen inneren Dialog zu kommen. Leg immer wieder Pausen ein, in denen du deine Gedanken und Antworten in das Notizbuch schreibst. Hervorragend eignen sich dafür die Bänklein an den Wanderwegen, die sich, oft an den schönsten Plätzen gelegen, wunderbar für eine Pause anbieten.

Mögliche Fragen zu den sieben «ENERGIE»-Bereichen:

Emotionen:

- Welche Situationen generieren für dich positive Emotionen, welche eher negative?
- Welche Möglichkeiten siehst du, in Situationen kommen zu können, die positive Emotionen auslösen?
- Mit welchen Menschen erlebst du besonders viele positive Emotionen? Bei welchen Menschen dominieren eher negative Emotionen?

Natürlichkeit:

- In welchen Situationen in deinem Leben kannst du authentisch sein? In welchen musst du eine Rolle spielen? In welchen gibt es soziale Gepflogenheiten, die eine Natürlichkeit nicht zulassen?
- Welche drei Situationen kommen dir spontan in den Sinn, bei denen du ganz DU selbst sein kannst?
- Welche drei Menschen kommen dir als Erstes in den Sinn, die dich wirklich so akzeptieren, wie du bist?

Engagement:

- Bei wem, in welchen Situationen oder in welchen Bereichen leistest du ein hohes oder erhöhtes Engagement, das sich ungezwungen und natürlich anfühlt?

- Wenn du an Flow (vgl. Modell in Kapitel 2) denkst, welche Situationen kommen dir dabei in den Sinn?
- Bei welchen Tätigkeiten löst sich dein Ego auf? Wann hat dein Engagement einen Zweck, der über deinem eigenen Nutzen steht?

Ruhe:
- Bei wem oder in welchen Situationen findest du deine innere Ruhe?
- Was tust du bereits regelmäßig, um in eine vertiefte Entspannung/Ruhe zu kommen?
- Was würde dich reizen, diesbezüglich einmal auszuprobieren? Weshalb hast du das bis anhin noch nicht getan?

Gesundheit:
- In welchen Bereichen investierst du in deine Gesundheit?
- Was sind Tätigkeiten/Aktivitäten, bei denen du dich vollkommen gesund fühlst?
- Gibt es Bereiche in Bezug auf deine Gesundheit, die du verstärkt angehen möchtest? Was benötigst du, damit du diese Bereiche tatsächlich angehst?

Involviertheit:
- Bei wem fühlst du dich involviert und wen involvierst du in deine Gedanken?
- Bei welchen Menschen und Gruppen fühlst du dich involviert und daher wirklich akzeptiert, so wie du bist?
- Wenn du fünf Menschen wählen könntest, die ein Leben lang an deiner Seite sein werden, welche wären es?

Existenz/Sinnhaftigkeit:
- Bei welchen Aktivitäten findest du Sinnhaftigkeit und bei welchen nicht?

- Was ist für dich existenziell und auf was könntest du verzichten?
- Weshalb hast du noch nicht darauf verzichtet?

Tipp: Schreib bei den Antworten einfach drauflos. Achte nicht auf Logik, Satzstellung oder Zusammenhänge. Intuitiv losschreiben, ohne nachzudenken, löst oft Gedanken- und Schreibblockaden.

Die Anwendung des Thermometers

Die Anwendung mit dem Thermometer ist einfach und schnell zu vollziehen. Stell dir ein etwa fünf Meter langes Thermometer vor. Du kannst es auch mit einem Klebeband aufzeichnen oder in der Natur mit Holz oder Steinen modellieren. Definiere nun für dich, wo darauf die Null, die minus sowie die plus Zehn liegen. Markiere dies vor deinem geistigen Auge oder markiere es in deinem Modell, falls du es physisch vor dir hast.

Nun beginnst du mit einem der sieben Bereiche. Dabei kannst du dir eine Fragestellung aussuchen oder einen Umstand, den du damit überprüfen möchtest. Das Vorteilhafte, wenn du das «Thermometer» physisch vor dir hast, ist, dass du dich auf den Punkt stellen kannst, wo es sich für dich in einer ersten Reflexion richtig anfühlt. Nun versuchst du in dich hineinzuspähen, ob es auch tatsächlich so ist.

Dies ist eine Übung, bei der du über Körperempfindungen zusätzliche Impulse bekommst. Es gibt dazu eine spannende Aussage, die ich bereits von verschiedenen Spezialisten gehört habe: «Dein Körper lügt nie.» Daher vertrau auf deine Körperreaktionen, wenn du dich auf dem Thermometer bewegst. Auch die Körperreaktion kannst du dann in einer Reflexion weiterbearbeiten und dich fragen: Passt das zu meinem Menschen- und Weltbild? Was hat das genau mit mir zu tun?

Tipp: Die Methode mit dem Thermometer kannst du für fast jede Fragestellung und nahezu jedes Problem in deinem Leben nutzen.

Die Umsetzung als Jahresplan

«Wer die Welt bewegen will, sollte sich erst selbst bewegen», heißt es in der altgriechischen Philosophie nach Sokrates. Daher glaube ich, dass es hilfreich ist, sich immer wieder konkrete Gedanken zu seiner eigenen Zukunft zu machen.

Eine Möglichkeit ist, dass man sich die sieben Bereiche des «ENERGIE»-Modells dafür zu Hilfe nimmt. Dabei wäre eine mögliche Anwendung, dass man sich in der (hoffentlich) ruhigen Zeit zwischen Weihnachten und Neujahr pro Bereich für das kommende Jahr einfache Ziele setzt. Das kann man gleichwohl für sich allein oder, wenn man in einer Partnerschaft lebt, auch zu zweit machen. Es hat einen befreienden, positiven Effekt auf deine Grundstimmung, wenn du dir diese Zeit für dich nimmst, vermutlich, da der Mensch nach Orientierung und Verbindlichkeit strebt. Ziele zu definieren kann die eigene Zuversicht daher überaus positiv beeinflussen. Gerne absolviere ich diesen Prozess in vier Schritten:

Schritt 1: Ich schreibe zu den sieben Bereichen des «ENERGIE-Modells» Stichworte auf, und zwar möglichst frei und ohne zu überlegen, wie realistisch oder gar sinnvoll diese Ideen sind.

Schritt 2: Auch hier gehe ich in die Natur und mache einen Spaziergang. Egal ob es schneit, windet oder regnet, ich gehe an die frische Luft. Der Spaziergang hat hierbei eine ähnliche Wirkung wie nach einem feinen Essen zur Verdauung. Dabei lasse ich mir meine Ideen nochmals durch den Kopf gehen und versuche, diese in einem inneren Dialog zu reflektieren.

Schritt 3: Sobald ich wieder zu Hause bin, konkretisiere ich das Erlebte bei einer schönen Tasse Tee. Dabei nehme ich mir jeweils ein Ziel pro Punkt im «ENERGIE-Modell» vor.

Schritt 4: Nun übertrage ich die Ziele in meine Agenda, weil für mich jedes Ziel einen Startpunkt sowie ein Ende hat. Natürlich können diese «Enden» auch weitergeführt werden. Ich denke jedoch, dass es sinnvoll ist, an einem konkreten Datum zu überprüfen, ob man das Geplante auch so umsetzen konnte.

Tipp: Einen Jahresplan mit Zielen zu erstellen ist vor allem dann besonders befreiend, wenn man sich keine Zwänge überstülpt. Du musst gar nichts, und alles, was du planst, dient deinem Wohlbefinden. Und wenn du bei einem Punkt kein Ziel hast, dann ist das genauso okay, wie bei einem anderen Punkt zwei oder drei Ziele zu definieren.

«Steiniger Beginn in Miami»

Das UNO-Hauptquartier in New York empfand ich an diesem sonnigen Septembermorgen sowohl unheimlich als auch eindrucksvoll. So viel hatte ich schon davon gehört, Vollversammlungen im TV gesehen und Berichten gespannt am Radio gelauscht. Und nun war ich selbst dort. Es war ein eigenartiges Gefühl, das sich nicht wirklich in Worte fassen lässt.

Im Rahmen eines «Management Exchange Trainings», das von der UNO geleitet wurde, hatte ich mir einen Traum erfüllt: einmal in einem anderen Land arbeiten und leben zu dürfen. Dazu hatte ich ein Visum für ein Jahr bekommen, das ich um zwei weitere verlängern konnte. Was für ein Glück, dachte ich, als mir angeboten wurde, aus mehreren Städten in den USA auszuwählen. Als diplomierter Hotelier war es klar, dass es ein Hotel sein musste. Und auch da wurde mir eine große Auswahl an Betrieben vorgeschlagen. Mein Entschluss fiel auf ein Boutique-Hotel in Miami. Dazu gilt anzumerken, dass ich diese Bezeichnung doch eher als verwirrend empfand, da es sich bei meiner Wahl um ein Haus mit 200 Zimmern handelte.

Nun saß ich mit weiteren zweihundert Trainees in diesem imposanten Auditorium des UNO-Hauptquartiers an der First Avenue am East River und träumte bereits in den schönsten Farben vom Süden in Florida. Wir wurden in den drei Tagen über so ziemlich jedes Detail eines Lebens in den USA informiert – von den rechtlichen Grundlagen über die Politik bis zu den Verhaltensgepflogenheiten in den jeweiligen Staaten.

Ankunft in Miami

Und dann war ich endlich da – in Miami! Das war mein Ort der Sehnsucht. Was ich allerdings schnell feststellen musste: Der September im Süden von Florida ist heiß, feuchtheiß, um genau zu sein. Das führte dazu, dass sich die beschlagenen Brillengläser erst wieder erholten, nachdem ich mich am Flughafen in das Air-Conditioner-Taxi gesetzt hatte. Dieses war wiederum so stark heruntergekühlt, dass ich sofort nach meinem Halstuch suchen musste.

Mein Hotel war das *Grand Bay* in der Coconut Grove. Über Monate malte ich mir aus, wie es sich wohl anfühlen würde, wenn ich zum ersten Mal durch die imposante Eingangstür schreiten würde. Natürlich hatte ich mich noch in der Schweiz mit Fotos und Berichten aus dem Internet geradezu übersättigt, doch nun war ich da und ich wusste in der ersten Sekunde, dass dies für längere Zeit meine neue Heimat sein würde.

Ich staunte nicht schlecht, als ich als Erstes vom Hoteldirektor und der Personalchefin durchs Haus geführt wurde. Sie erzählten mir während der Besichtigung mehrere Anekdoten von Berühmtheiten, die bereits in diesem Fünfsternehotel gewohnt hatten, von Spitzensportlern über Größen aus dem Musik- und Filmbusiness bis zu amerikanischen Präsidenten. Um es gleich vorwegzunehmen: Über die nächsten drei Jahre hatte ich tatsächlich das Vergnügen, einige Persönlichkeiten aus diesen Sparten kennenzulernen.

Die Suche nach einer eigenen Wohnung

Natürlich dachte ich, dass ich nicht auf unbestimmte Zeit in einem der wunderschönen Hotelzimmer mit eigener Terrasse wohnen durfte, doch sieben Tage empfand ich als ziemlich sportlich, um ein eigenes Appartement zu finden. Ich dachte: «Na ja, wenn es so ist, dann ist es halt so.»

Schon am ersten Tag legte ich mir eine Strategie zurecht. Eine große Herausforderung bestand darin, dass die Wohnung in Gehdistanz zum Hotel liegen musste, da ich mir nicht gleich zu Beginn meines Miami-Abenteuers ein Auto leisten konnte. Natürlich werden im Internet unzählige Appartements angeboten, doch eines zu finden, das auch nur annähernd bezahlbar war, möbliert und vorerst für ein Jahr, das war eine wirkliche Herausforderung.

Ich merkte schnell, dass über die gängigen Internetportale keine für mich bezahlbaren Objekte mit meinen Anforderungen zu finden waren. «Nun gut», sagte ich mir, «dann mache ich es so, wie es vor dem Internetzeitalter gängig war. Ich laufe durchs Quartier und da, wo es mir gefällt, frage ich nach der Adresse der jeweiligen Hausverwaltung.»

Drei ganze Tage lief ich durch die Coconut Grove und hatte bei gut zwanzig Appartementkomplexen die Namen durchgeklingelt, bis ich jemanden an der Tür hatte, der mir die Telefonnummer der jeweiligen Verwaltung geben konnte. Ich weiß nicht, was ich mir vorgestellt hatte, aber sicher nicht, dass ich die ersten vier Tage in Miami ausschließlich mit der Wohnungssuche beschäftigt sein würde.

Ich beginne zu hadern

Nun saß ich da auf einer Bank neben einer stark befahrenen Straße, völlig durchgeschwitzt, und fühlte mich auf dem Boden der Realität angekommen. Ich hatte alle Verwaltungen angerufen, doch in keinem der Häuser gab es eine freie Wohnung, die ich mir leisten konnte.

Weshalb bin ich hierhergekommen? Ich hatte doch ein gutes Leben in Zürich. Weshalb kann ich nicht einfach mit dem zufrieden sein, was ich habe?

Das Gefühl, dass Amerika offenbar nicht auf mich gewartet hatte, zog mich weiter runter, und auch, dass ich bisher niemanden kennengelernt hatte. Ich hatte mit den Leuten an den Haustüren gesprochen und Amerikaner sind ja von Grund auf sehr freundliche Menschen, doch das war es nicht. Ich vermisste auf einmal vieles: meine Familie, meine Freunde, kühles Wetter. War ich bereits am vierten Tag meines Abenteuers am Tiefpunkt angekommen? So konnte es nicht weitergehen. Ich hatte noch drei Tage Zeit, um eine Wohnung zu finden und mich aus meinem emotionalen Loch zu befreien.

Ein Spaziergang und ein Spiel

Ich entschloss mich, einen längeren Spaziergang zu machen. Wo war ich eigentlich? Ich hatte bis anhin lediglich die Straßen im Umkreis von zehn Minuten Fußweg um das Hotel gesehen ... Ich packte meinen kleinen Sportrucksack und lief ans Meer. Bereits nach fünfzehn Minuten fand ich mich auf einem herrlichen Fußweg direkt am Atlantischen Ozean wieder und spürte zum ersten Mal bewusst den leicht salzigen Wind auf meiner Haut.

Ich lief an einem Sportplatz vorbei und blieb stehen, als ich ein paar Jungs beim Baseballspielen sah. Eigenartige Sportart, dachte ich und setzte mich auf eine Bank. Ich versuchte zu verstehen, welche Spielregeln sich hinter dem für mich wirren Umherrennen wohl verbargen.

Es dauerte keine zwei Minuten, da sprinteten zwei der Spieler auf mich zu und fragten, ziemlich außer Atem, ob ich spielen könne. Im selben Atemzug sagten sie mir, dass sie heute ein Qualifikationsspiel in ihrer Liga hätten und noch dringend einen Spieler benötigten. Ich sagte, es täte mir leid, aber ich hätte noch nie auf einem Baseball-Spielfeld gestanden. Schlimmer noch: Ich hätte noch nie ein Spiel gesehen und keine Ahnung von den Regeln. Beide grinsten über das ganze Gesicht. «Easy, Baseball ist das einfachste Spiel der Welt», meinte einer von ihnen. Er heiße Jorge und neben ihm, das sei William. Ob ich denn sonst eine Sportart betreibe, wollten sie wissen. «Na ja, Tennis, Fußball und Joggen», antwortete ich und hielt mich diskret mit meinen Schweizer

Wintersportarten zurück. «Easy», meinte nun William. Baseball sei eine Kombination aus Tennis, Fußball und Jogging. Das Spiel sei heute Abend um acht und wir würden uns um sieben hier treffen. Ein Shirt und Baseball-Bats, so nannten sie die Schläger, brächten sie mir mit; sie hätten eine große Auswahl.

«Okay, wieso nicht», meinte ich, «aber dann muss ich es jetzt erst einmal versuchen und mit dem Training beginnen.»

«Oh, sorry», entgegnete Jorge, «das Training ist fertig, wir müssen alle zurück zur Arbeit.»

Wie bitte? Ich sollte an einem offiziellen Baseballspiel teilnehmen, bevor ich auch nur ein einziges Mal auf einem Platz gestanden hatte?

«Easy», kam es bereits zum dritten Mal. «It's just for fun.»

Klar, just for fun. Na gut, dachte ich mir. Ich habe noch ein paar Stunden Zeit, mir die Regeln per Internet einzutrichtern. Etwas verwirrt und doch ziemlich aufgestellt lief ich diesen wunderbaren Strandweg zurück zum Hotel. Und zum ersten Mal in vier Tagen schrieb ich bei meiner Google-Suche nicht «Wohnung in Coconut Grove», sondern «Baseballregeln».

Ich war am Samstag angekommen und musste am Mittwoch mit der Arbeit beginnen. Alles klar, dachte ich, heute Abend spiele ich Baseball, morgen ist mein erster Arbeitstag und ich habe noch keine Wohnung. Na ja, die Hoffnung stirbt zuletzt und irgendeine Lösung wird es schon geben. Zuversicht hilft doch immer. Die Vorfreude auf den Abend, dass ich nun ein paar Jungs aus diesem Stadtteil kennenlernen würde, ließ mich meine Sorge über die Wohnung beinahe vergessen.

Baseball in drei Stunden

Ich versuchte mir mithilfe von farbigen Zetteln, die ich bei mir im Hotelzimmer auf dem Boden verteilte, zu merken, was der Unterschied zwischen Bases und einem Home Base war, was unter einem Run zu verstehen und mit Innings gemeint war. Ich merkte schnell, dass ich hätte fragen sollen, welche Position ich denn einnehmen würde, doch ich hatte ja gar nicht gewusst, dass es diese überhaupt gab.

Nun stand ich da, typisch schweizerisch fünf Minuten zu früh, doch niemand sonst ließ sich blicken. Eigenartig, ich hatte die Uhrzeit doch korrekt verstanden: sieben Uhr Treffen, um acht beginnt das Spiel. Ich hatte keine Telefonnummer von Jorge oder William. Nervös schaute ich auf meine Uhr. Mittlerweile war es bereits zwanzig nach sieben und noch immer war kein Mensch da. Die Flutlichtanlage stand beinahe gespenstig im Dunkeln. Immerhin wehte nun eine kühle Brise, was die hohe Luftfeuchtigkeit nicht mehr ganz so stark spürbar machte.

Ich hatte in der Schweiz immer wieder gehört, dass ich mich von der « aufgesetzten » Freundlichkeit der Amerikaner nicht blenden lassen solle; sie würden das nicht so meinen, da « Oberflächlichkeit » zu ihrer Kultur gehöre. Doch nach vielen Reisen und schlussendlich beinahe vier Jahren in diesem Land ist mein Eindruck ein anderer. Ja, Amerikaner sind ausgesprochen freundliche Menschen. Sie leben diese Freundlichkeit jedoch auch und sind in meiner Wahrnehmung um nichts oberflächlicher als wir in der Schweiz.

Und das Spiel beginnt

« Hey, da bist du ja! », hörte ich eine Stimme hinter mir. Jorge umarmte mich kurz und kräftig, und alle anderen acht Spieler taten es ihm der Reihe nach gleich. Wow, das nenne ich eine euphorische Begrüßung!

Bei einem Baseballspiel gibt es zwei Mannschaften mit je neun Spielern. Ich merkte gleich, dass wir keinen Ersatzspieler hatten, deshalb war ich wohl gefragt worden. Nun stand ich da, mit gelb-schwarzer Mütze und passendem Shirt in der Position des Left Fielders mit der Nummer 7 ganz hinten links im Spielfeld. Ich solle einfach den Ball möglichst direkt fangen und Richtung Home Base werfen. Das klang eigentlich ganz leicht. Problematisch war nur, dass der Ball ziemlich klein war, brutal hart und in einer Geschwindigkeit kam, die alles überstieg, was ich bis anhin an Ballsportarten kennenlernen durfte ...

Chicken Wings und Bier

Irgendwie überlebte ich das Ganze und trotz einiger überaus peinlichen Situationen schien mir niemand böse zu sein. Wir saßen alle zusammen in der Sportbar bei Chicken Wings und Bier, lachten und gingen genüsslich die komischen Situationen im Spiel, die ich verursacht hatte, durch. An dieser Stelle möchte ich nicht alles ausplaudern; dass ich voller Konzentration den hohen Ball in der Rückwärtsbewegung fangen wollte und stattdessen mit dem Flutlichtmast zusammengestoßen war, war nur die Spitze des Eisbergs.

Es kam, wie es kommen musste: Sie fragten, wo ich wohnte. Als ich von meiner misslichen Lage berichtete, lachte Jorge. Sein Vater habe eine der größten Immobilienverwaltungen der Coconut Grove und er, Jorge, sei für die Vermietungen zuständig. Er habe bereits drei Objekte im Sinn, die er mir morgen zeigen könne.

Was für ein Glück, dachte ich. Innerhalb von 24 Stunden habe ich wunderbare Freunde gefunden und noch dazu eine tolle Wohnung, die für die nächsten drei Jahre mein Zuhause sein sollte.

Meine Energie

Und was hat das alles mit meinem «Energie-Modell» zu tun? Ich kannte es zu jener Zeit noch nicht und doch sind die Elemente in der Rückschau für mich gut erkennbar.

Die **Emotion**; mit all den Jungs in der Sportbar sitzen zu können, hat mir einen unglaublich positiven Schub gegeben. Ich konnte ich selbst sein in meiner ganzen **Natürlichkeit.** Ich wurde nicht ausgelacht, weil ich nicht gut Baseball spielen konnte, sondern wurde von diesen Menschen einfach so angenommen, wie ich war. Ich konnte mich einsetzen und mein **Engagement** zeigen. Weil ich spielte, konnte die Mannschaft überhaupt antreten. Und weil ich dies alles wagte, mutig war und mich getraute, fand ich ab dem Zeitpunkt meine **Ruhe.** Ich konnte seit diesem Abend endlich gut schlafen und fand meine Entspannung. Für mich ist Sport **Gesundheit.** Klar, es war nicht wirklich angenehm, mit einem Flutlichtmast zusammenzustoßen. Aber ich blieb ja unverletzt, und schlussendlich fühlte ich mich an dem Abend so gesund und fit wie seit Langem nicht mehr. **Involviert** zu sein, war zu dem Zeitpunkt wohl das Allerwichtigste. Beziehungen zu großartigen Menschen haben zu können, Freundschaften zu knüpfen und ein Teil von etwas zu sein gab mir am meisten Energie. Und am Schluss hat sich der Kreis geschlossen. Es hat Sinn ergeben, aufzuhören, mit aller Verbissenheit eine Wohnung zu suchen. Einfach spazieren gehen, einen Schritt zurück, das Ganze aus der Distanz ansehen – da öffnete sich die Tür. Ja, es brauchte auch viel Mut, bei dem Baseballspiel mitzumachen. Doch genau diese Entscheidung hat mein Leben in Miami in eine positive Richtung gelenkt.

FLOW

Flow

Wie du in den Flow kommst

In den Flow zu kommen bedeutet, dass man in einer Tätigkeit aufblüht und dadurch in einen Zustand hoher Produktivität gerät; dass man sich stark mit dieser Tätigkeit identifiziert und man diese einfach « fließen » lassen kann.

Als ich mich vertieft mit dem Flow-Zustand zu beschäftigen begann und dann selbst immer wieder spürte, was dieser Zustand mit mir machte, war dies einer der großen Wendepunkte meines Lebens.

Wie kannst du in einen Flow kommen ? Weshalb ist es gesund, den Flow-Zustand zu erleben ? Kann dieser auch riskant sein ? Wie funktionieren die sieben Schritte zum Erreichen des Flow-Zustands und wie kannst du diese selbstständig anwenden ? Und zu guter Letzt: Was hat das alles mit Selbstmotivation zu tun ? Das sind die Fragen, die ich in diesem Kapitel beantworten möchte.

Das Flow-Modell

Die Fragestellung, was ein Mensch benötigt, um in eine hohe Produktivität zu gelangen und dabei echte Freude zu verspüren, reicht bis zu den Schriften der großen griechischen Philosophen zurück. Vor allem Aristoteles setzte sich intensiv mit dieser Frage auseinander, später wurde sie von Maria Montessori auf die Pädagogik angewandt.

Der aus Ungarn stammende Universitätsprofessor Mihály Csíkszentmihályi brachte den Begriff « Flow » in die Welt. Vor allem sein TED-Talk aus dem Jahr 2004, *Flow – The secret to happiness*, machte den Begriff « Flow » weltberühmt. Wie er in seinem TED-Talk beschreibt, ist er über einen glücklichen Zufall, nämlich in einem Vortrag von C. G. Jung in Zürich, auf den erweiterten Gedanken von Flow gekommen. Erste Forschungen betrieb er mit Künstlern. Es interessierte ihn, wie diese Menschen in den Fluss der Produktivität kommen und dabei offensichtlich wahrhaftige Freude verspüren. Danach legte er eine größere Studie an, in der er mit seinem Team Interviews mit achttausend Menschen führte, die allesamt in einem bestimmten Thema eine hohe Produktivität erlangten.

Wie ich zum Flow gekommen bin
Im Rahmen meiner Ausbildung in Positiver Psychologie wurde der besagte TED-Talk empfohlen. Ich war von diesem Vortrag so fasziniert, dass ich mir sogleich das Buch *Flow* (2017) von Mihály Csíkszentmihályi kaufte. Seitdem versuche ich die «Flow-Philosophie» in all meine Kurse, Workshops und Seminare einzubauen. Abgeleitet von den sieben Flow-Komponenten, die Csíkszentmihályi beschreibt, habe ich für mich sieben Schritte definiert, die sich gut in meine Kursplanung einbauen lassen und die die Kursteilnehmenden auf einfache Weise inspirieren. Einen noch stärkeren Einfluss hat Flow jedoch für mich persönlich. Logisch: Ich kann meine Kursteilnehmenden nur inspirieren, wenn ich selbst inspiriert bin.

In meiner Analyse merkte ich schnell, dass sich die Grundgedanken von Flow für mich ganz natürlich anfühlen. Wahrscheinlich habe ich vieles von Flow bereits in meiner Kindheit und Jugend angewandt und dadurch auch gefestigt. Beispielsweise kann ich mich daran erinnern, dass ich bereits als kleiner Junge stundenlang Bilder von Fußballstadien zeichnete. Ich malte tatsächlich Tausende von Zuschauern mit den jeweiligen Vereinsflaggen. Meine Eltern erzählen mir immer wieder, dass ich dabei wie in einer anderen Welt war und die Zeit völlig vergaß.

Ich liebte es in meiner Kindheit – und auch heute noch –, mit meinem Vater Schach zu spielen. Auch hier geschieht es immer mal wieder, dass wir stundenlang vor dem Brett sitzen und einfach spielen, vollkommen still, und die Zeit vergeht wie im Flug. Als ich mich dann stärker mit Musik beschäftigte, erlebte ich dies vor allem beim Gitarrespielen. Im Sport merke ich es am stärksten auf Skitouren oder beim Langlauf. Wenn es nicht steil ist, keine Gefahren wahrgenommen werden, sich die Körpertemperatur im grünen Bereich befindet, dann ist es fast jedes Mal, dass ich in den Flow-Zustand komme.

In den Erläuterungen von Csíkszentmihályi wird immer wieder modellhaft auf die Grundlage von Flow eingegangen. Dabei haben mir vor allem zwei Visualisierungen geholfen, die Idee von Flow besser zu verstehen.

In der ersten Grafik zeigt sich auf einfache Art und Weise, was es benötigt, damit ein Flow-Erlebnis überhaupt möglich wird: das Verhältnis der Anforderung zu den eigenen Fähigkeiten.

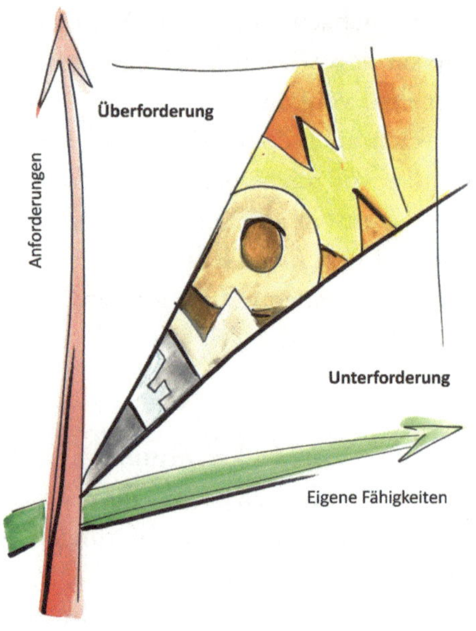

Die Grafik weist darauf hin, dass eine gewisse Anforderung benötigt wird, um überhaupt in eine freudvolle Produktivität kommen zu können. Die Vorstellung, in den Flow zu kommen, während ich in einer Hängematte in der Südsee liege, scheidet daher sofort als Wunschtraum aus.

Es muss eine gesunde Balance zwischen den Anforderungen und den eigenen Fähigkeiten geben, damit ich in den Flow komme. Sind die Anforderungen größer als meine Fähigkeiten, bin ich also *über*fordert, kann ich keinen Flow erleben. Umgekehrt komme ich auch nicht in den Flow, wenn die Anforderungen kleiner als meine eigentlichen Fähigkeiten sind. Ich habe daher grundlegend zwei Möglichkeiten, um in einen Flow-Zustand kommen zu können. Die erste Möglichkeit ist, dass ich bei einer Überforderung die Anforderung reduzieren muss. Dies hat oft mit den eigenen Zielen zu tun. Die zweite Möglichkeit ist das Ausbauen und Trainieren meiner eigenen Fähigkeiten. Wenn ich beispielsweise einen Marathon laufen möchte, dann weiß ich, dass es sich um eine 42 195 km lange Strecke handelt. Logischerweise muss ich auch wissen, wie die Topografie, der Untergrund und die zu erwartenden Temperaturen der Laufstrecke sind. In diesem Beispiel habe ich auf die äußeren Umstände keinen Einfluss, die Anforderungen sind gegeben und unveränderlich. Somit beginne ich meine Fähigkeiten zu erhöhen – zu trainieren, um den Marathon (gesund) bestehen zu können.

Fast immer finde ich auf der Seite der Anforderungen oder im Ausbauen meiner Fähigkeiten einen Hebel. Und dann wird es spannend: Ich spüre, dass das Steigern des einen Bereichs den anderen Bereich ebenfalls nach oben bewegt. Und genau das ist der Weg, der zum Flow-Zustand führt.

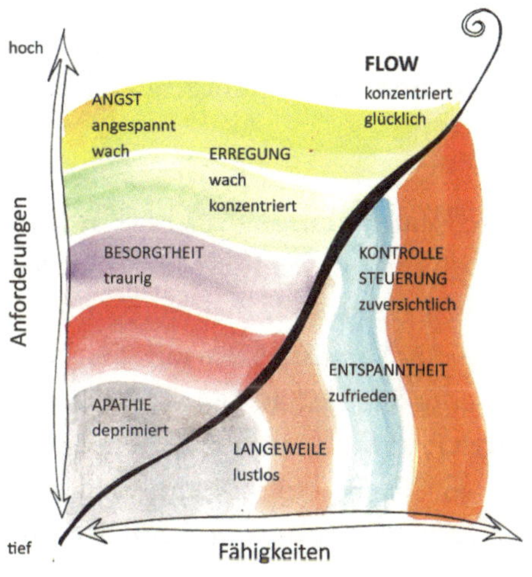

Die zweite Grafik zeigt auf, wie die eigenen Gefühlslagen beeinflusst werden. Auch hier werden die beiden Variablen

«Anforderungen» und «Fähigkeiten» genutzt. Mir hilft diese Grafik, um zu verstehen, auf welchem Weg ich in den Flow-Zustand kommen kann. Natürlich ist weder die Angst vor Überforderung noch das Gefühl der Langeweile die Grundlage für eine freudvolle Produktivität. Doch kann ich mir mit dieser Grafik eine Orientierung schaffen, an welchem Hebel ich ansetzen sollte.

Wie ich Flow wahrnehme

In der Existenzphilosophie habe ich gelernt, dass sich der Mensch aus drei Bereichen zusammensetzt und in ihnen die wichtigsten Wahrnehmungen liegen:

- Körper,
- Psyche,
- Geist.

Ein Merkmal der Flow-Erfahrung ist für mich diese dreiteilige Wechselwirkung, da die jeweiligen Wahrnehmungen unterschiedlich sind und im Gesamtgefühl dann doch zusammenwachsen.

Die **körperliche Wahrnehmung** zeichnet sich bei mir vor allem durch Leichtigkeit aus. Es fühlt sich an, als ob ich fliegen könnte. Manchmal nehme ich meinen Körper als schwerelos wahr. Es ist wie ein Verschmelzen mit der Natur, wenn ich jogge, wandere oder auf Skitour bin. Die Folge davon ist eine hohe Produktivität sowie Leistungssteigerung. Natürlich tritt dieses Gefühl vor allem bei körperlichen Aktivitäten auf. Doch habe ich es auch schon beim Schreiben, bei der Gartenarbeit, bei einer Partie Schach, in Seminaren und als Dozent vor einer Gruppe festgestellt.

Die **psychische Wahrnehmung** ist bei mir am ehesten mit einer Unaufgeregtheit zu beschreiben. Durch eine gesteigerte Wachheit, die sich in einer starken Konzentration zeigt. Das Tollste daran finde ich, dass es in diesem Zustand keine Ablenkungen mehr gibt. Ich vergesse alles um mich herum und was es sonst noch zu tun gäbe. Es fällt mir dann ganz leicht, voll und ganz bei der einen Sache zu sein und zu bleiben. Eine Konsequenz aus dieser Wahrnehmung ist zudem die Steigerung des Selbstvertrauens. Denn durch die hohe Konzentration macht man die Dinge einfach besser.

Die **geistige Wahrnehmung** empfinde ich als besonders freudvoll. Freudvoll im Sinne einer Kombination von Lockerheit und Genuss. Über den wirklichen Genuss, so glaube ich, kommen die drei Elemente dann zusammen und ergeben die Wahrnehmung des Flow-Zustands.

Was Flow für mich bedeutet – Die Freude am Tun

Eine der großen Fragen in meinem Beruf, in der Personal- und Organisationsentwicklung, ist: «Wie kommen die Menschen ins Tun?» Mit Flow habe ich ein Modell und Instrument zur Hand, mit dem mir das einfacher gelingen kann. Sowohl im Beruf wie auch auf persönlicher Ebene gibt es drei Ziele, die ich mit Flow einfacher erreichen kann:

- Freude,
- Produktivität,
- Stressreduktion.

Der Flow-Zustand ist purer Genuss. Purer Genuss ist für mich ein wichtiger Bestandteil von Freude. Im Gefühl der Freude entstehen vor allem viele positive Emotionen. Das ist schlicht und einfach gute Energie. Freude lädt die eigene Batterie wohl am besten auf. Ich habe tatsächlich eine Sportuhr, die mir immerzu mein eigenes «Batterielevel» aufzeigt. Irgendwie verrückt, was heute alles möglich ist; so mancher rümpfte die Nase, als ich ihm von ihr erzählte. Die Uhr zeigt in Momenten der Freude an, dass mein Batterielevel tatsächlich nach oben geht ... Ist das ein Zufall?

Diese drei Bereiche haben eine solch große Bedeutung für mich, dass ich nun seit gut sechs Jahren konstant an und mit Flow arbeite. Dabei sind die Ausführungen für mich der momentane Status quo. Doch möchte ich noch viel mehr erfahren, lernen und mich in Flow weiterentwickeln. Die Freude daran steht natürlich an oberster Stelle, gleichwohl in meiner eigenen Entwicklung wie auch in meinem Beruf.

Ein ebenfalls sehr wichtiger Umstand ist für mich, dass ich mein Stresslevel durch Flow besser im Griff habe. Was es damit auf sich hat, erläutere ich im anschließenden Abschnitt.

Flow als Prävention gegen Stress

Neben all den bekannten negativen Folgen von Stress möchte ich an dieser Stelle vor allem auf die Konzentration eingehen. Stress hindert den Menschen daran, sich wirklich auf ein Ziel konzentrieren zu können. Dabei ist es für mich eine Hilfe, wenn ich zwischen Eustress und Distress unterscheide. Ganz einfach erklärt: Es gibt den positiven Eustress und den negativen Distress. Das Wort «Stress» leitet sich vom lateinischen «stringere» ab und bedeutet so viel wie «Druck» oder «Anspannung». Dieser wird von sogenannten «Stressoren» durch äußere oder auch innere Umstände unterschiedlichster Art ausgelöst. Wie man jedoch diesen Stress wahrnimmt und wie er sich auswirkt oder anfühlt, ist höchst individuell.

Der Mensch ist in jeder Aktivität immer einem gewissen Maß an Stress ausgesetzt. Doch nun kommt der große Unterschied zwischen Eustress und Distress. Eustress wirkt vitalisierend und energiegebend, was grundlegend positiv wahrgenommen wird. Im Eustress wird die Konzentration und somit die Leistungsbereitschaft angehoben. Und genau diese Art von Stress erlangt man im Flow-Zustand. Wenn man im Alltag von Stress spricht, meint man jedoch den Distress. Das ist der bekannte Krankmacher, der sich gleichwohl psychisch wie auch physisch bemerkbar machen kann.

Schau dir nun noch einmal die erste Grafik an. Je näher du der Achse der Anforderung kommst, desto höher wird die Wahrscheinlichkeit, dass du negativen Distress wahrnimmst. Dies ist die klassische Überforderung. Wenn man seine Umgebung über eine längere Zeit als überfordernd wahrnimmt, dann besteht die Gefahr einer Erkrankung; in seiner ausgeprägtesten Form als Burn-out bekannt. Doch auch wenn man in einer konstanten Unterforderung ist, kann dies zu einer ernsthaften Krankheit führen. In diesem Fall spricht man von einem Bore-out, einem «Ausgelangweilt-Sein».

Einer der wichtigsten Aspekte von Flow ist die Prävention gegen Stress. Wenn du dir nun der beiden Stressarten, positiver Eustress und negativer Distress, bewusst bist, wirst du automatisch eine höhere Sensibilität darin entwickeln. Und bereits diese Sensibilität ist eine Prävention gegen Stress. Wenn du dir zudem deine eigene Grafik auf Basis der Vorlage machst und darin dein Empfinden in den jeweiligen Umständen markierst, kannst du mögliche Hebelwirkungen gegen Distress deutlicher erkennen.

Natürlich ist auch der Eustress ein Stress. Wenn man sich konstant im Eustress befände, dann wäre dies über längere Sicht auch ungesund. Deshalb gilt auch hier, sich immer wieder Ruhezeiten zu gönnen. Die Erholung hat einen enormen Einfluss darauf, wie ich schlussendlich mit jeder Art von Stress umgehen kann.

Kann Flow auch negative Auswirkungen haben?

Flow scheint in allen Belangen positiv zu sein. Doch vielleicht ist dir schon der Gedanke gekommen, dass es auch zu viel Flow geben könnte? Dass die Flow-Erfahrung auch negative Seiten haben könnte? Ein Beispiel hatten wir ja nun gerade mit dem Eustress. Ja, es kann tatsächlich auch zu viel davon geben!

Ich höre immer wieder von befreundeten Eltern, dass ihre Söhne Computerspielen verfallen und sie beim Spielen tatsächlich wie im Flow sind. Bei einer so starken und immer wieder auftretenden Erfahrung könnte man auch von einer Sucht sprechen.

Doch liegt das Problem nun im Flow-Erlebnis oder im Computerspiel? Im Internet findet man hierzu verschiedenste Studien. Man ist sich uneinig, ob man dieses suchtähnliche Verhalten dem Flow in die Schuhe schieben kann. Auch ich bin mir nicht sicher, wie ich mit einer solchen Kritik umgehen soll. Auf alle Fälle finde ich es wichtig, dass man diese Fragestellung ernst nimmt.

Ein weiteres Problem, das ich immer wieder höre, kann im Sport auftreten. Vor allem bei Kletterern, die in einer Flow-Erfahrung die Sicherheitsvorkehrungen vernachlässigen. Jedoch auch bei Skitouren in anspruchsvollem Gelände sollte man sich der Gefahr bewusst sein, dass man in einem Flow-Zustand Zeit und Raum vergessen kann.

Anwendung im Alltag

Über die Anwendung von Flow gibt es unzählige Bücher und Webseiten. Dabei werden verschiedene Methoden angepriesen, die von drei Bereichen bis hin zu fünfzehn Schritten reichen. Mihály Csíkszentmihályi beschreibt in seinen Büchern immer wieder sieben Komponenten der Flow-Erfahrung. Die Anwendung zur Selbstmotivation möchte ich daher ebenfalls anhand von sieben Schritten beschreiben. Die ersten drei können dabei als notwendige Voraussetzungen für ein Zustandekommen derartiger Erfahrungen bezeichnet werden, die weiteren vier beziehen sich auf die Ebene des subjektiven Erlebens beim Handeln im Flow.

Wie die sieben Schritte zur Selbstmotivation genutzt werden können

Erweiternd zu den Erklärungen im Original habe ich die Komponenten für mich angepasst und auch die Reihenfolge etwas verändert. Ich bin darauf gekommen, weil ich sowohl im Persönlichen wie auch in meinem Beruf in den vergangenen sechs Jahren gespürt habe, dass es für mich auf diese Weise am realistischsten ist, wirklich in den Flow kommen zu können.

So nutze ich heutzutage die sieben Schritte beispielsweise bei der Planung und Erstellung meiner Seminare. Genauso nutze ich sie bei der Realisierung meiner persönlichen Projekte. Dass ich dabei weiß, dass die Chance sehr groß ist, dass ich die Flow-Erfahrung erleben werde, ist für mich ein entscheidender Faktor für meine Selbstmotivation. Die Selbstmotivation wird dabei erhöht, weil ich die Flow-Erfahrung auch als eine Art Belohnung wahrnehme. Dadurch gehe ich mit zusätzlicher Freude an die Planung und Realisierung meiner Projekte.

Schritt 1 – Ziel oder Zweck: Die Flow-Erfahrung benötigt als Basis im weitesten Sinne irgendeine Tätigkeit. Diese Tätigkeit sollte entweder ein Ziel haben oder einen Zweck. Noch besser ist es natürlich, wenn beides involviert ist. Wenn ich beispielsweise auf eine Skitour gehe, dann ist das Erreichen des Gipfels mein Ziel. Die Skitour dient aber auch dem Zweck, mich in der Natur an der frischen Luft zu bewegen.

Ich mache das gleichwohl für meine physische wie auch psychische Gesundheit.

Das Ziel und/oder der Zweck deiner Tätigkeit soll dir bewusst sein. Frag dich deshalb bei deinen Tätigkeiten: Weshalb möchte ich das tun? Welches Ergebnis soll erreicht werden? Wichtig empfinde ich beim Setzen von Zielen, dass kleine Etappen eingeplant werden. Daher denke eher in Zwischenergebnissen anstatt konstant an das übergeordnete Ziel. Mihály Csíkszentmihályi verwendet das Beispiel des Schachspiels. Obwohl das übergeordnete Ziel Schachmatt ist, sollte man sich darauf konzentrieren, eine Strategie zu entwickeln, oder darauf, die Figuren des Gegners zu schlagen. Die Gefahr besteht, dass man sich entweder leichter ablenken lässt oder aber verkrampft, wenn man sich konstant auf ein übergeordnetes Ziel fokussiert.

Eine wunderbare Übung habe ich in einem Lauftraining beim ehemaligen Europameister im Marathon, Viktor Rötlin, kennengelernt. Egal ob beim Joggen oder Wandern: Man hält je eine frische Himbeere zwischen Zeigefinger und Daumen. Nun joggst oder wanderst du 20 Minuten. Wenn du dich verkrampfst, dann wirst du die Himbeere zerquetschen. Wenn du locker bleibst, dann bleibt die Himbeere unversehrt. Als ich diese Übung zum ersten Mal ausprobierte, waren meine beiden Himbeeren innert kürzester Zeit zerdrückt. Ich war derart überrascht ob meiner Verkrampftheit, dass ich ab diesem Tag konstant daran gearbeitet habe. Nun mache ich diese Übung für mich immer mal wieder und die Himbeeren bleiben unversehrt.

Schritt 2 – Fokus: In unserem Alltag neigen wir dazu, unsere Aufmerksamkeit in verschiedene Richtungen zu lenken. Die Ablenkungen durch Nachrichten über Social-Media-Kanäle, E-Mails oder Telefonate passieren fast pausenlos. Und weil wir so viele Möglichkeiten haben und das Leben generell komplexer wird, schweifen wir gedanklich sehr gern ab. Um in einen Flow kommen zu können, sollte der Fokus jedoch auf nur eine Sache gelenkt werden. Es ist demnach elementar, alles andere um sich herum auszuschalten. Grundlegend fühlt sich eine solche «Einzeltätigkeit» sehr gut an, weil es gleichwohl unseren Hirnstrukturen und unserem Geist entgegenkommt. Im Gegensatz dazu führen «Multitasking» und Ablenkungen schnell zu einer Überforderung, die wiederum die eigene Produktivität hemmt.

Tipp: Hilfreich empfinde ich, wenn ich mir einen Tagesplan erstelle. Je nach Tätigkeit oder anfallende Aufgaben kann dieser sehr unterschiedlich ausfallen. Es ist daher gut, Tagespläne individuell an die jeweiligen Gegebenheiten anzupassen. Zwei Elemente eines Tagesplans empfinde ich als besonders hilfreich: Erstens, wenn ich den Plan bereits am Vorabend für den nächsten Tag schreibe. So finde ich am nächsten Morgen einfach besser in die Konzentration. Zudem hat sich herausgestellt, dass 90-Minuten-Zeitblöcke die höchste Produktivität ergeben. Diese kann ich beliebig aneinanderhängen. Wichtig dabei ist, dass ich mir auch Zeitblöcke in meinen Tagesplan einbaue, an denen ich nichts erledigen muss. Ausruhen, spazieren gehen, lesen ... ganz egal: einfach Zeit für mich.

Schritt 3 – Verhältnis: Schau dir für diesen dritten Schritt das erste Modell nochmals an. Entscheidend, damit du in den Flow kommst, ist das richtige Verhältnis der Anforderung zu deinen Fähigkeiten. Eine zu große Herausforderung führt zu einem Gefühl der Anspannung, Angst und Frustration; eine zu kleine erzeugt eintönige Routine und Langeweile.

Die Flow-Erfahrung ereignet sich also in dem Bereich, der durch die Pole Unter- und Überforderung markiert ist. Wie du in diesen Polen denken kannst, zeigt dir das nachfolgende Beispiel: Wenn du ein Tennismatch spielen möchtest, macht es nur dann Spaß, wenn ihr beide auf einem ähnlichen Niveau spielt. Wenn dein Gegner viel besser ist, dann ist das Spiel für dich frustrierend. Wenn der Gegner zu schwach ist, wird es für dich langweilig. Das gleiche Prinzip gilt für die Arbeit und andere Tätigkeiten.

Tipp: Zeichne das Modell auf ein Blatt Papier und markiere auf der vertikalen Achse, wie hoch die Anforderung für dich ist. Frag dich dabei, welche Faktoren die Anforderung ausmachen. Dann markierst du auf der horizontalen Achse deine Fähigkeiten. Auch hier stellst du dir die Frage, was deine Fähigkeiten genau ausmachen. Nun ziehst du mit einem Lineal die beiden Linien im rechten Winkel in die Mitte des Modells. Sofort siehst du, ob du im Flow-Bereich, in der Überforderung oder in der Unterforderung bist. Wie kannst du nun stärker in den Flow-Bereich kommen? Braucht es eine Anpassung der Anforderung? Solltest du deine Fähigkeiten ausbauen? Wie könntest du dich darin verbessern? Was wäre hierzu nötig? Möglicherweise fällt dir die Einschätzung leichter, wenn du die zweite Grafik benutzt. Auch hier gilt, dass du dir bei wirklich anspruchsvollen Aufgaben Hilfe suchen solltest.

Schritt 4 – Feedback: Immer mal wieder sollte man während einer Tätigkeit eine Rückmeldung einholen. Die Rückmeldung bezieht sich hier jedoch auf die kleinen Erfolgserlebnisse und nicht auf die Meinung anderer Personen. Stell dir einfach die Fragen: Wie läuft es gerade? Was mache ich gut? Erreiche ich die gesetzten kleinen Zwischenziele? Mihály

Csíkszentmihályi nennt diese Rückmeldung «Rückkopplungspfad einer Aktivität». Genau diese Rückmeldung steigert die Aufmerksamkeit. Denn in jeder Beobachtung und Reaktion lernen wir, was funktioniert und was nicht. Kein Feedback einzuholen ist problematisch, da du sonst nicht weißt, ob das, was du gerade tust, lohnenswert oder sinnvoll für dich ist. Es könnte sehr schnell das Gefühl aufkommen, dass deine Handlung keine Rolle spielt oder keine positive Auswirkung auf dich oder deine Umwelt hat.

Tipp: Damit ich auf diesen Rückkopplungspfad komme, schreibe ich auf gelbe Post-it-Zettel drei Fragen auf: Wie läuft es gerade? Empfinde ich Freude an dieser Tätigkeit (ohne Freude kein Flow)? Schaffe ich das nächste Zwischenziel (kleine Ziele – Schritt für Schritt)? Diese Post-it-Notizen erinnern mich dann immerzu daran, mir Rückmeldungen zu geben.

Schritt 5 – Kontrolle: Charakteristisch für den Flow-Zustand ist ein verstärktes Gefühl von Kontrolle über das eigene Handeln. Dieses Gefühl der Kontrolle ist ein integraler Bestandteil der Flow-Erfahrung und steigert den Zustand der Gelöstheit und der Angstfreiheit, was sich wiederum direkt auf das eigene Selbstvertrauen auswirkt. Mihály Csíkszentmihályi differenzierte den Begriff der Kontrolle, da man darunter auch «zwanghaft», «beherrschend» oder die «uneingeschränkte Anpassung» verstehen könnte. Doch genau das ist es eben nicht. Kontrolle bedeutet in der Flow-Erfahrung, dass ich meine Aufmerksamkeit im Griff habe und nicht abschweife; dass ich meine Stimmung wahrnehme, meine Motivation und Willenskraft. Zudem steigert das Gefühl der Kontrolle meine Sensibilität bezüglich der eigenen Grenzen.

Schritt 6 – Zeit: Im tiefen Flow ist das normale Zeitgefühl aufgehoben. Es kommt zu Zeitraffungen und Zeitdehnungen: Eine Minute fühlt sich an wie eine Stunde, Stunden vergehen wie im Flug. Man spricht daher auch von einem «zeitfreien Raum» oder einfach der Flow-Erfahrung. Als Folge einer vollständigen Konzentration auf eine Tätigkeit kommt es im Flow zu einer Verschmelzung von Aktivität und Aufmerksamkeit. Diese Erlebnisweise lässt keinen Raum mehr für Sorgen, Ängste und Überlegungen, die dich allenfalls umgeben. Das Tun und das Erleben fühlen sich nicht mehr wie getrennt oder isoliert von dem Selbst an; man wird eins mit der Tätigkeit. Das kann gleichwohl für sich allein, jedoch auch in einer Gemeinschaft oder Gruppe geschehen. Dann spricht man von einer Team-Flow-Erfahrung.

Tipp: Damit ich die Zeit vergessen kann, lege ich meine Uhr ab und verstaue mein Handy außer Sichtweite. Damit ich irgendwann aus dem «zeitfreien Raum» zurückkehren kann, stelle ich mir einen Wecker.

Schritt 7 – Verschmelzung: Die Verschmelzung von Handlung und Bewusstsein und die Leichtigkeit in der jeweiligen Tätigkeit gaben der Flow-Erfahrung ihren Namen. Alles läuft harmonisch und mühelos ab. Auch wenn die Aktivität von außen betrachtet einen hohen Energieeinsatz verlangt, ist man sich keiner besonderen Anstrengung bewusst. Die Tätigkeit verläuft reibungslos und wie aus einer inneren Logik heraus.

Als Beispiel kommt mir eine Skitour in den Sinn, auf der wir im vergangenen Frühling auf über 4000 Metern über dem Meer in der Region von Zermatt unterwegs waren. Der Aufstieg der Südseite dauerte etwa drei Stunden. Die Steigung war angenehm zu gehen und das Gelände war offen und sicher. Schon nach kurzer Zeit fühlte es sich an, als ob ich ganz sanft und langsam über den Schnee fliegen würde. Außer der feinen Reibung der Felle auf dem pulvrigen Schnee war absolut nichts zu hören. Ich war einerseits in höchster Konzentration, andererseits spürte ich ein Zusammenschmelzen mit der Natur. Dabei fühlte ich mich nicht mehr primär als Individuum, sondern als integraler Bestandteil von etwas viel Größerem. Diese Erfahrung löste in mir ein tiefes Gefühl der Freude und der Zufriedenheit aus.

Konklusion

Die Flow-Erfahrung bereitet gleichwohl Freude wie auch Zufriedenheit. Zudem gibt es für mich keinen Zustand, in dem ich produktiver bin und mein Selbstvertrauen intensiver stärke. Da ich mich in diesem Moment in einer hohen Konzentration befinde und alles in einer natürlichen Lockerheit vonstattengeht, fühlt sich wiederum alles ganz leicht an. Die aus der Positiven Psychologie bekannte Bezeichnung des «Aufblühens» trifft es, wie ich finde, ebenfalls sehr gut.

Die Erfahrung, dass Handlung und Bewusstsein miteinander verschmelzen, ist einfach etwas Großartiges und stellt für mich eine der höchsten Formen der Selbstmotivation dar. Wenn du den sieben Schritten folgst, kannst auch du ganz leicht deine persönliche Flow-Erfahrung machen. Probier es einfach aus!

«November im Engadin»
Der erste Schnee fällt ganz seicht und bereichert die Landschaft im Oberengadin um eine weitere Farbnuance. Ich stehe am Fenster und schaue zum Silsersee in Richtung Maloja. Die Lärchen auf der Halbinsel Chastè bei Sils Baselgia leuchten bei diesem Schneefall in allen nur erdenklichen Gelb- und Goldfarbtönen. Was für ein Naturschauspiel, denke ich, als auch noch ein paar Sonnenstrahlen den Weg durch den Schneefall finden.

Diesen ersten Schnee möchte ich draußen erleben und darum packe ich mich warm ein. Mit Kappe, Handschuhen und festem Schuhwerk mache ich mich auf den Weg zu dieser wunderbaren Halbinsel. Es ist ein gut ausgebauter Wanderweg, der bis zum Nietzsche-Gedenkstein führt. Der mächtige Stein wird mit einer Inschrift in Form eines Gedichts geschmückt.

Nietzsche hat mich nach Sils Maria gebracht, ist mein erster Gedanke, als ich das Gedicht ein weiteres Mal lese. Diese Stille, diese Farben, der See, die Berge, der Schnee ... Wunderschön! Ich setze mich auf die Bank gleich neben dem Stein und verliere mich in Gedanken.

Es war im Sommer vor einem Jahr, als wir unsere Ferien im Oberengadin verbrachten. Mein Coach, Göpf Hasenfratz, hatte mir dazu die Autobiografie von Irvin D. Yalom als Lektüre empfohlen. Nach zwei Ferientagen hatte ich die Hälfte des Buchs bereits durch und kam zu der für mich entscheidenden Stelle: Er schreibt, dass die mitunter schönste Zeit seines Lebens diejenige war, in der er seine Bücher schrieb. Dafür sei er jeweils an einen attraktiven Ort irgendwo auf der Welt gezogen. Allerdings habe er nur den halben Tag lang geschrieben und die restliche Zeit für ausgedehnte Spaziergänge in der Natur genutzt.

Diese Aussage empfand ich als derart inspirierend, dass ich sogleich den Entschluss fasste: Ich möchte ebenfalls an einem attraktiven Ort mein Buch schreiben; an einem Ort, an dem ich lange Spaziergänge in der Natur machen kann. Ich dachte zuerst an Hawaii und dann an Bali. Dann kamen mir die Inseln im Mittelmeer in den Kopf. Mallorca, Korsika, Sardinien oder Sizilien ... Oder doch lieber eine der wunderbaren griechischen Inseln? Ich merkte trotz meiner Euphorie schnell, dass ein solches Unterfangen wohl erst einmal Organisation benötigt. Ich hatte meinen Sohn und meinen Beruf, und etwas Geld sollte ich ja auch verdienen ... So einfach würde das dann wohl doch nicht. Na ja, ich konnte mir ja Zeit lassen, dachte ich.

Wir spazierten bei herrlichem Sommerwetter durch Sils Maria, als ich am Anschlagbrett des Tourismusvereins las, dass an diesen Tagen verschiedene Vorträge zum Leben von Friedrich Nietzsche stattfinden würden. Der Vortrag mit anschließendem Besuch im Nietzsche-Haus sprach mich dabei am meisten an. Ich konnte meinen Vater dafür begeistern, womit wir uns am nächsten Tag auf die Spuren einer der einflussreichsten Philosophen der Neuzeit begaben.

Sieben Sommer lang lebte Friedrich Nietzsche in Sils Maria und schrieb dabei manche seiner größten Werke. Im Vortrag wurde erwähnt, dass viele weitere große Denker und Schriftsteller das Engadin besuchten, um sich hier inspirieren zu lassen: Hermann Hesse, Max Frisch, Thomas Mann, Friedrich Dürrenmatt, Rainer Maria Rilke, Charlie Chaplin und Albert Einstein waren die berühmtesten Namen, die ich mir merken konnte.

«Hier ist mir bei Weitem am wohlsten auf Erden», stand auf einem der vielen Briefe und Inschriften im Nietzsche-Haus. Voller Ehrfurcht und Faszination schritten wir durchs

Haus und horchten den vielen Geschichten. Das ist wahrlich ein mit Zauber und Inspiration durchtränkter Ort, war ein Gedanke, der mich nicht mehr losließ.

Auch in den nachfolgenden Tagen unserer Sommerferien schwangen diese tiefen Eindrücke mit. Und so reifte mein Entschluss, dass der attraktive Ort, an dem ich mein Buch schreiben wollte, gar nicht so weit weg sein würde. Genau hier sollte es sein, in diesem wunderschönen Hochtal, hier in Sils Maria.

Um meinen Entschluss umsetzen zu können, gab es dann tatsächlich viel zu organisieren. Doch war ich so überzeugt von dieser Bestimmung, dass ich alle Hindernisse aus dem Weg räumte. Ins Engadin kommt man mit der Bahn; es ist eine wunderschöne Strecke. Ein Tagesausflug nach Zürich wäre auch möglich, falls ich mal etwas Dringendes von zu Hause benötigte. Auch wäre es für meinen Sohn einfach, mich jedes zweite Wochenende zu besuchen und auch seine Herbstferien hier zu verbringen. Ja, selbst ein paar Arbeiten für meinen Arbeitgeber konnte ich von hier aus erledigen, damit mein Budget nicht vollends aus dem Lot fallen würde.

Nun bin ich da

Und nun bin ich hier und sitze auf der Bank ganz vorne auf der Halbinsel Chastè und schaue auf den See. Ich sehe an diesem kalten Novembertag keinen Menschen auf meinem Spaziergang. Vielleicht auch nicht verwunderlich, denn von den vierzehn Hotels in Sils und Umgebung hat in diesem November lediglich eins geöffnet.

Sils, inklusive der vielen Weiler, hat circa 750 Einwohner. Doch ist der Ort so weitläufig, dass es mir an manchen dieser Novembertage vorkommt, als hätte ich die ganze Gegend für mich allein. Na ja, in einem Monat ist Weihnachten, dann sieht es hier wohl wieder ganz anders aus.

Ich mache es tatsächlich wie Irvin D. Yalom und bin jeden Tag draußen. Allerdings alterniere ich meine Aktivitäten, indem ich jeden zweiten Tag einen Spaziergang oder eine Wanderung mache und ansonsten joggen gehe. Und ja, das empfinde ich tatsächlich auch als pure Inspiration.

Ich sitze noch immer auf der Bank und der Schneefall nimmt zu. Egal, ich bin ja warm eingepackt, und solange dieser Zauber hier draußen stattfindet, bleibe ich auch hier. Der Wind frischt auf und die goldenen Nadeln der Lärchen lösen sich vermehrt vom dürren Geäst. Tausende von ihnen werden durch die Luft gewirbelt und vermischen sich mit den Schneeflocken. Nun erscheint der Himmel in einem Gelbgold mit weißen Nuancen und lässt die Magie noch stärker wirken.

Lärchen und Lerchen

Und obwohl es wirklich stark windet und schneit, höre ich Vögel, die singen. Vogelgezwitscher im November? Eigenartig … Ich kenne mich zwar überhaupt nicht aus, doch vielleicht liegt es ja am besonders milden Oktober und dass erst jetzt der Schnee zu fallen beginnt?

Als ich die Vögel so höre, kommt mir der Gedanke, dass diese Bäume Lärchen sind und es eine Vogelart gibt, die Lerche heißt. Es folgt die Überlegung, dass ich des Öfteren mit der Frage konfrontiert werde, ob ich eine Eule oder eine Lerche sei. Diese beiden Vogelarten werden als Metapher für die Energiekurve im Tagesverlauf genutzt. Bei mir ist es sonnenklar, dass ich den Lerchen angehöre. Ich bin Frühaufsteher und habe morgens die meiste Energie. Ganz im Gegensatz zum Abend, wo bei mir ziemlich schnell der Stecker gezogen wird ... Dem Typus «Eule» sagt man hingegen nach, dass er erst im späteren Tagesverlauf auf Hochtouren kommen, dafür aber am Morgen Mühe mit dem Aufstehen hat.

In der psychoanalytischen Deutung ist die Lerche ein Symbol für Unbeschwertheit und Freiheit. Erscheint die Lerche einem Menschen im Traum, soll das ein Omen für ein anstehendes «Liebesereignis» darstellen. Was für eine Kuriosität, denke ich mir ... Aber gut, wenn das so sein soll, dann bin ich ja mal gespannt, was da noch alles kommen wird.

Eine Stunde später sitze ich wieder an meinem Tisch in der Wohnung, die ich mir für meine zehn Wochen im Engadin mietete. Ich schreibe weiter an meinem Buch. Kapitel für Kapitel. Und ich merke mit jedem Tag ein bisschen mehr, dass ich in den Fluss komme und alles um mich herum vergesse. Egal ob ich nun am Morgen oder Nachmittag nach draußen gehe oder wann ich zu schreiben beginne: Es läuft einfach, ganz ohne Anstrengung.

Nietzsche hatte wohl recht: Wenn einem wirklich wohl ist, dann entsteht vieles wie aus einer logischen Konsequenz heraus.

Flow im Engadin

Und während ich so dasitze und von meinem Arbeitstisch aus durch mein Fenster zum See schaue, erinnere ich mich an die Schritte von Flow. Wie viele Male hatte ich die sieben Schritte mit meinen Teilnehmenden in den Seminaren und Workshops durchgenommen, und nun war ich selbst mit jeder Faser meines Seins darin. Schritt eins ist klar: Ich möchte ein Buch schreiben. Doch es ist noch viel mehr als das, es ist wirklich ein Herzenswunsch. Mein Buch, hier in Sils Maria. Der Zweck ist wohl auch, dass ich mich auf eine Reise zu mir selbst begebe. In der Reflexion all meiner Geschichten durchlebe ich diese derart intensiv, dass es sich anfühlt, als wäre ich noch mal dort. Zudem habe ich viel Zeit für mich selbst. Die meiste Zeit bin ich allein hier und es ist einfach ruhig. Diese Ruhe macht etwas mit mir. Und dieses Etwas ist wohl die Reise zu mir selbst.

Schritt zwei ist die Konzentration auf ein begrenztes Feld. Und auch das gelingt mir doch ziemlich gut. Jeden Tag schreibe ich zwischen drei und vier Stunden. Das ergibt, zusammen mit der Bewegung in der Natur, einen guten Tagesrhythmus. Jeden Tag schreiben, jeden Tag draußen in Bewegung sein. Es hat weiterhin Platz für die anfallenden Kleinigkeiten, die ich natürlich auch hier oben erledigen muss. Doch irgendwie scheint der Alltag ganz weit weg zu sein.

Der dritte Schritt besteht darin, die Balance zwischen Anforderung und Fähigkeit herzustellen. Obwohl ich davor bereits einige Artikel publiziert habe und zusammen mit einem Freund auch ein Lernheft, ist dies immer noch mein erstes Buch. Das stellt für mich eine große Anforderung dar. Meine Fähigkeiten versuche ich zu steigern, indem ich einen Online-Lehrgang von zwei Jahren an einer Autorenschule absolviere. So ist meine letzte Tätigkeit jeden Abend, bevor ich schlafen gehe, zwanzig Minuten lang zu lernen, wie man ein Buch schreibt. Bei diesem Schritt merke ich, dass es hilfreich ist, Zeiten abzustecken. Ich habe mir zwar einen ungefähren Plan erstellt, wie lange ich pro Kapitel brauchen möchte, doch liegt es ganz allein bei mir, wie viel Zeit ich tatsächlich dafür einsetze. Ich merke, dass dieser Faktor meine Balance positiv beeinflusst.

Die eigene Rückmeldung in Schritt vier hole ich mir bei meinen täglichen Outdooraktivitäten ein, indem ich mir spezifische Fragen stelle. Beschreibe ich das aktuelle Thema so, wie ich es fühle und lebe? Lebe ich, was ich schreibe? Bereitet mir das, was ich schreibe, Freude? Welchen Wert hat es für mich, dass ich mir diese Zeit hier im Engadin nehme?

Das Gefühl der Kontrolle im fünften Schritt erlebe ich besonders intensiv. Natürlich kann ich das so einfach sagen, weil mein Alltag in Zürich weit entfernt ist. Ich kann all meine Pläne mühelos umsetzen. Doch auch während des Schreibens erlebe ich das Gefühl der Kontrolle. Ich befinde mich in einer hohen Konzentration, die ich mir weder einreden noch forcieren muss. Sie ist einfach da und lässt mich Tag für Tag, Stunde für Stunde und Moment für Moment fokussiert an meinem Buch arbeiten.

Die Veränderung des Zeiterlebens (sechster Schritt) erfahre ich mittlerweile fast täglich. Damit ich keine Outdooraktivitäten verpasse, erstelle ich jeweils am Vorabend einen rudimentären Plan für den kommenden Tag. Ich beginne immer am Morgen mit dem Schreiben und schaue kurz auf die Wettervorhersage, sodass ich weiß, wann ich nach draußen gehen sollte. Hierbei plane ich immer mit 90-Minuten-Blöcken, die ich beliebig und je nach Tagesgeschehen aneinanderhängen kann. Für das Schreiben packe ich meist nach dem Frühstück oder nach dem Mittagessen zwei dieser Zeitblöcke zusammen und stelle mir den Wecker. Wenn dieser dann klingelt, wundere ich mich meist darüber, dass schon wieder drei Stunden wie im Flug vergangen sind.

Der siebte und letzte Schritt ist die Verschmelzung von Handlung und Bewusstsein. Ähnlich wie beim veränderten Zeiterleben spüre ich immer wieder, dass ich mit meinem Schreiben eins werde. Ich begebe mich so stark in die jeweilige Methode oder Geschichte, dass *ich* zur Methode oder Geschichte werde. Das funktioniert vor allem, wenn sich alle Sorgen auflösen; wenn ich mir keine Gedanken mehr über Grammatik oder Schreibfehler mache und auch nicht darüber, was Menschen, die mein Buch lesen, wohl über mich denken werden.

Eine erfrischende Abwechslung
Morgen kommt mein Sohn wieder für ein verlängertes Wochenende zu Besuch. Mir tut es gut, regelmäßig drei Tage lang aus meinem Tagesrhythmus geholt zu werden. Auf der einen Seite kommt dadurch Leben in meine Wohnung; denn obwohl ich die Ruhe genieße, genieße ich genauso das verbindende Lachen, die Kartenspiele am Abend und das gemeinsame Kochen. Auf der anderen Seite erhalte ich zusätzliche Motivation zum Schreiben. Es fühlt sich an, als würde etwas Gutes angestaut. Und wenn dieses Angestaute dann wieder ausbrechen kann, dann kommt der Flow ganz wie von allein zustande.

Optimismus

Wie du deinen Optimismus nachhaltig trainierst

Seit ich denken kann, sagt man mir nach, dass ich ein Optimist sei. Und ja, das finde ich tatsächlich auch. Doch was ist ein Optimist oder generell Optimismus? Was steckt hinter dieser Haltung? Kann man sie lernen oder überhaupt willentlich beeinflussen?

Für mich hat Optimismus einen zentralen Wert in meinem Leben. Deshalb möchte ich in diesem Kapitel etwas ausholen. Ich bin überzeugt, dass Optimismus wie auch Pessimismus keineswegs festgelegte Persönlichkeitsmerkmale sind. Vielmehr ist es unsere Art zu denken. Und wie wir denken, das können wir lernen. Seit ich mich mit der Positiven Psychologie und der Existenzanalyse befasse, habe ich hierzu spannende Erkenntnisse gewonnen, die mein Bild auf den Optimismus beeinflusst haben. Diese werde ich im Folgenden darstellen.

> *«Das Lernen von Optimismus ist die beste Prävention gegen Depression.»*

Diese Aussage, die sich in der Lehre der Positiven Psychologie immer wieder findet, war für mich eine zentrale Erkenntnis. Denn in meiner Arbeit in der Personal- und Organisationsentwicklung habe ich in den vergangenen Jahren immer mehr Menschen kennengelernt, die an psychischen Erkrankungen leiden.

Laut dem schweizerischen Bundesamt für Statistik (SGB) ergab die Datenerhebung der Gesundheitsbefragung, dass 21 Prozent der Erwerbstätigen sehr oft unter Stress bei der Arbeit leiden. Zahlen aus Deutschland, die unter anderem im

Deutschen Ärzteblatt publiziert werden, gehen zudem von bis zu einem Drittel der gesamten Bevölkerung aus, das aufs Jahr gerechnet eine oder mehrere klinisch bedeutsame psychische Störungen aufweist. Wer sich hierzu vertieft einlesen möchte, findet im Netz verschiedene kostenlose Berichte. Besonders empfehlenswert empfinde ich denjenigen des Robert Koch-Instituts über die psychische Gesundheit in Deutschland.

Was die Wissenschaft sagt

Um mich vertieft mit Optimismus auseinandersetzen zu können, wollte ich zuerst wissen, was damit überhaupt gemeint ist. Doch leider fand ich schnell heraus, dass es keine allgemeingültige Definition gibt.

In unserer Alltagssprache beschreibt man optimistische Menschen allenfalls mit den grundlegenden Eigenschaften, von sich überzeugt zu sein und die Kontrolle über sich und ihr Leben zu haben. Ein Optimist fühlt sich tendenziell als Herr über sein Schicksal. Er glaubt, das Ruder seines Lebens in der Hand und damit großen Einfluss auf seine Zukunft zu haben.

Man kommt diesem Phänomen vielleicht etwas näher, wenn man das Gegenteil untersucht. Das wären allenfalls Pessimismus, Misstrauen, Resignation, Hoffnungslosigkeit, Skepsis, Verzweiflung oder auch Mutlosigkeit.

Natürlich gibt es auch in der klassischen Psychologie mögliche Erklärungen. So wird in deren Forschung vor allem in zwei Bereichen gearbeitet. Auf der einen Seite gibt es eine Forschungsrichtung, die sich mit der menschlichen Urteilsbildung auseinandersetzt; eine zweite versteht Optimismus als ein Persönlichkeitsmerkmal und untersucht die Entstehung und die Folgen individueller Unterschiede in der Ausprägung von Optimismus. Entsprechend diesen beiden Forschungstraditionen werden unter dem Begriff « Optimismus » sehr unterschiedliche Konzepte verstanden.

Was ich unter Optimismus verstehe

Auch wenn ich mit meinen Erklärungen sicherlich nicht jeder möglichen Definition gerecht werde, will ich die Unterschiede nicht auf die Goldwaage legen. Für mich ist Optimismus eine Haltung. Eine Haltung, die mein Menschen- und Weltbild prägt und deshalb großen Einfluss auf mein Verhalten hat.

In meinem Verständnis kann Optimismus gleichwohl zukunftsgerichtet auf ein effektives Ergebnis oder ein Ziel gerichtet sein wie auch auf den Moment, auf das Hier und Jetzt. Dann bedeutet Optimismus für mich vor allem die Entwicklung einer Idee, die mich durch eine Situation bringt. Dass ich diese durchstehen kann, dass ich daran nicht verzweifle.

Somit ist ein wesentlicher Bereich von Optimismus eine Haltung, die Möglichkeiten in dem entdeckt, was gerade ist und in Zukunft sein wird. Das Erkennen von Möglichkeiten gibt Kraft und Energie, auch wenn etwas anders als geplant ausgeht. Diese Energie spürt man wiederum besonders stark, wenn man ein « Warum » in seinem Leben hat. Das eigene « Warum » ist der Sinn für das Leben. Es ist dort zu finden, wo die eigenen Grundwerte zusammenkommen. Und genau dort liegt auch der wahre Optimismus.

Optimismus aus der Sicht der Existenzanalyse

In der Lehre der Existenzanalyse spricht man in dem Fall eher von « Zuversicht » als von « Optimismus », doch ist es umgangssprachlich wohl für die meisten Menschen dasselbe. Generell kann man sagen, dass wir Menschen eine tragende Kraft in uns haben, die eine tiefe Bejahung zum Leben innehat. Doch auch hier gibt es die Opposition: die Angst. Sie raubt dir die Zuversicht, denn in der Angst ist das, was dich bewegt, größer als die Möglichkeiten, die darin verborgen liegen.

Die Existenzphilosophie geht davon aus, dass jeder Mensch eine tiefe Energie in sich hat, und spricht von der Aneignung des Lebens. Von der tiefen Erfahrung, dass wir leben und unser Leben zu unserem eigenen machen. Dies geschieht mit der inneren Aussage: «Es gibt mich und zu dieser Tatsache sage ich Ja.» Auch wenn ich immer wieder in herausfordernde Situationen gerate, diese Bejahung interpretiere ich für mich als eine der stimmigsten Definitionen von Optimismus.

Aber kann man bei sich einen Schalter drehen, der auf Optimismus setzt? Nein, das geht nicht. Weil es ein Gefühl ist, das nicht mit reiner Willenskraft zu erreichen ist. Es liegt in derselben Gefühlskategorie wie zum Beispiel Hoffnung, Liebe oder Glauben; auch diese Gefühle kann man nicht einfach forcieren.

Gefühle wie Optimismus benötigen als Basis etwas, wofür der Mensch wirklich lebt und leben möchte. Erst dann kann er sich einstellen. Diese Basis ermöglicht, Ideen zu entwickeln. Ideen, die durch die gegebenen Umstände tragen, sodass das, was gerade ist, tolerierbar wird. Dabei lassen sich vielleicht nicht die Lebensumstände ändern, aber diese Ideen werden die nötige Zuversicht geben, um durchhalten zu können. Zu diesem Umstand gibt es ein wunderbares Zitat von Viktor Frankl:

«Wenn Leben überhaupt einen Sinn hat, muss auch Leiden einen Sinn haben. Es kommt nicht darauf an, was man leidet, sondern wie man es auf sich nimmt.»[2]

Wir sollten akzeptieren, dass es Schicksale gibt. Letztlich sind viele Dinge Phänomene, denen wir uns stellen und die wir tragen müssen. Dabei gibt es für den «klassischen Optimisten» jedoch eine gewisse Gefahr, nämlich das eigene Schicksal zu leugnen. Letztlich ist es wohl gesund, sich einzugestehen, dass man fehlerhaft und verwundbar ist: Es gehört zum Menschsein dazu, Dinge zu tun, die einem gelingen, aber genauso, dass man scheitert. Auch hierzu gibt es ein passendes Zitat von Viktor Frankl:

«Das Schicksal gehört zum Menschen wie der Boden, an den ihn die Schwerkraft fesselt, ohne die aber das Gehen unmöglich wäre. Zu unserem Schicksal haben wir zu stehen wie zu dem Boden, auf dem wir stehen – ein Boden, der das Sprungbrett für unsere Freiheit ist.»

Das Optimismus-Modell

Aufgrund all dieser Überlegungen finde ich es überaus wichtig, am eigenen Optimismus zu arbeiten. Dass Rahmenbedingungen definiert werden, die ich dann trainieren kann, damit sich Optimums einstellt, und dass ich darin vor allem meine eigene Haltung beobachte. Welche Möglichkeiten ich darin für mich entdeckt habe, möchte ich mit dem nachfolgenden Modell aufzeigen:

2 Der Abdruck aller Zitate von Viktor Frankl erfolgt mit freundlicher Genehmigung des Viktor-Frankl-Archivs Wien.

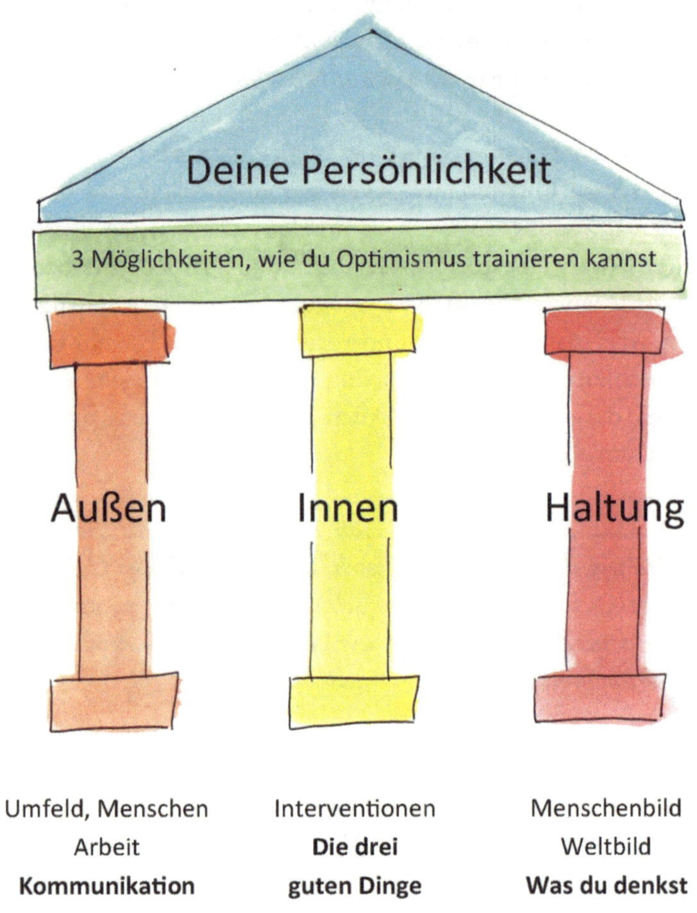

Wenn ich an meinem Optimismus arbeite und diesen trainiere, forme ich auch meine Persönlichkeit. Es bildet meine Art zu denken und meine Einstellung gegenüber dem Leben. Es gibt jedoch keine anerkannte Methode, um den Optimismus im eigenen Leben zu etablieren. Das von mir erstellte Modell besteht daher aus Einzelschritten, die den Optimismus trainieren. Man könnte allein über diese verschiedenen Schritte ein ganzes Buch schreiben. Deshalb habe ich mich pro Bereich für eine konkrete Anwendung entschieden.

Anwendung im Alltag

Von innen: Die drei guten Dinge des Tages. Die folgende Übung kenne ich aus meinen Weiterbildungen in der Positiven Psychologie. Allerdings habe ich von verschiedenen Seiten gehört, dass dies eine sehr alte Methode und in verschiedenen Kulturkreisen zu finden ist.

Schreib jeden Abend – als letzte Tätigkeit, bevor du das Licht löschst – drei Dinge des Tages auf, die für dich positiv waren. Zu jedem der drei Punkte schreibst du, was du dazu beigetragen hast, damit es eine positive Erinnerung für dich ist. Das können große und kleine Dinge sein. Vielleicht ein nettes Gespräch, ein glücklicher Zufall oder eine Begebenheit. Alles, was du als positiv empfindest, ist passend. Wichtig ist einfach, dass du es dir aufschreibst.

Diese einfache Übung hat einen nachweislichen Effekt (einen Positive-Psychologie-Effekt) auf das eigene Wohlbefinden. Unsere Gedanken entwickeln sich im Schlaf weiter, und zwar so, wie es auch die negativen Gedanken machen würden; auch diese wirken im Schlaf weiter und beeinflussen das Unterbewusstsein. Unser Hirn bearbeitet das, was wir ihm als Futter geben. Daher ist es für mich logisch, dass ich meinen Fokus auf das Positive lege.

Tipp: Diese Übung solltest du mindestens 21 Tage lang jeden Abend machen. Dann wirst du merken, wie sich dein Wohlbefinden verbessert. Vielleicht nimmst du wie ich die Veränderungen nicht nur mental, sondern sogar körperlich wahr. Nachdem ich die ersten 21 Tage durchgestanden hatte – diese sind die schwierigsten, weil etwas Neues in den Tagesrhythmus kommt –, mache ich diese Übung inzwischen seit vielen Jahren und arbeite so an meinem Optimismus, damit dieser gestärkt wird und sich entfalten kann.

Von außen: Wie sich das Gegenüber nach dem Gespräch fühlen soll. Welchen äußeren Einflüssen setzt du dich tagtäglich aus? Auf mentaler Ebene gehen sie vor allem von Menschen aus, mit denen du am häufigsten zu tun hast. Ich habe gelesen, dass in der Schweiz in einem festangestellten Arbeitsleben durchschnittlich 80 000 Stunden gearbeitet wird. Während dieser Zeit bist du wohl meistens von Arbeitskolleginnen und -kollegen sowie Kunden umgeben. Ich kann gar nicht genug betonen, wie überaus wichtig diese täglichen Kontakte sind.

Es stimmt: Du kannst keinen Menschen verändern, nur dich selbst. Du musst nicht mit jedem dieser Kontakte « best friends » sein, doch negativ belasten sollten sie dich auch nicht. Damit sie für dich tendenziell positiv sind – für 50 Prozent der Beziehung bist immer du selbst verantwortlich –, gibt es eine für mich großartige Haltungsgrundlage, die wohl dem Mentaltraining zugrunde liegt. Ich nenne es die « Optimistische Haltungsgrundlage für Gespräche ». Dabei überlegst du dir vor jedem wichtigen Gespräch, wie sich dein Gegenüber am Ende fühlen soll. Das Gleiche überlegst du dir auch für dich selbst, also wie du dich nach dem Gespräch fühlen möchtest. Dabei wirst du sehr schnell merken, ob deine Gedanken konstruktiv oder destruktiv sind und daher optimistisch oder pessimistisch. Dies ist eine äußerst wirkungsvolle Übung und kann selbstverständlich in allen Lebenslagen und für jedes Gespräch, egal ob bei der Arbeit, in der Freizeit oder in der Familie, angewandt werden.

Tipp: Sich diese Gedanken vor einem Gespräch zu machen, ist gar nicht so einfach. Vor allem, wenn Emotionen im Spiel sind, und die sind ja fast immer irgendwie vorhanden ... Daher ist es oftmals besser, wenn du die berühmte Nacht verstreichen lässt, bevor du ins Gespräch gehst.

Meine Haltung: Mein Menschen- und Weltbild. Wie sich mein Optimismus entfalten kann, hängt stark von meinem Menschen- und Weltbild ab, also was ich generell über Menschen denke und über die Welt im Allgemeinen. Oft sind das ziemlich starre Grundlagen, die auf den eigenen Ideologien beruhen.

Die nächste Übung besteht darin, dass du dich in radikaler Ehrlichkeit hinterfragst, welches Menschen- und Weltbild du hast und warum dies so ist, wie es ist. Passt es noch zu dir, zu deiner Lebenslage und zu deinen jetzigen Lebensumständen? Deine Ehrlichkeit kannst du immer wieder hinterfragen. Versuch dies mit weiteren Fragen: In welcher Situation habe ich meine Haltung als «optimistisch» wahrgenommen? In welcher Situation habe ich meine Haltung (im Vergleich zu anderen) als «pessimistisch» wahrgenommen? Warum war das so? Was war meine Einstellung und was waren meine Vorurteile, die mich pessimistischer/optimistischer haben sein lassen? Wie bei den Übungen in Kapitel 1 ist es auch hier förderlich, währenddessen einen Spaziergang zu machen und sich dabei die Gedanken und natürlich auch die Konklusionen aufzuschreiben.

Tipp: Starre Ideologien können sich zunehmend verhärten, je älter du wirst, und verzerren dadurch die eigene Wirklichkeit. Mit ihnen aufzuräumen ist eine wirkungsvolle Übung, um deinen Optimismus zu trainieren. Dies kannst du durch konstantes Abgleichen von Eigen- und Fremdbild erreichen.

Mein Tipp lautet daher, möglichst oft Feedback (Rückmeldung zu eigenem Verhalten) einzufordern. Dabei wirst du schnell merken, welche Feedbacks konstruktiv sind, nämlich diejenigen, die von deinem Gegenüber aus der «ICH»-Position heraus formuliert sind und daher nicht verallgemeinern. Zudem sollten die Feedbacks zeitnah geschehen und dir eine reelle Möglichkeit geben, sie umzusetzen respektive anzuwenden.

Wie Optimismus und Selbstmotivation zusammenkommen

Ich glaube fest daran, dass Optimismus ein entscheidender Faktor der Selbstmotivation ist. Selbstverständlich spreche ich dabei von einem psychisch gesunden Menschen. Optimismus lässt uns am Morgen leichter aufstehen, Optimismus bringt uns einfacher durch den Tag, Optimismus macht es wahrscheinlicher, dass wir all die Dinge erleben, die ein Leben wirklich lebenswert machen. Als Konklusion möchte ich auch zum Abschluss nochmals auf ein Zitat von Viktor Frankl verweisen, das er von Friedrich Nietzsche adaptierte:

> *«Wer ein Warum hat zu leben, erträgt fast jedes Wie.»*

Für mich trifft es den innersten Nerv, sowohl von Optimismus wie auch von der Selbstmotivation. Das ist es, genau das!

« Von Ohren und Tigern in Harlem »

Ich hatte dieses Gefühl nicht zum ersten Mal, meine Knie fühlten sich schwammig an und in der Magengegend spürte ich ein leicht vibrierendes Zucken. Diese Stadt war einfach zu viel für mich. Nach zwei Tagen voller Hektik suchte ich einfach nur Ruhe. Das ist allerdings in New York gar nicht so einfach. Wohl aus diesem Grund stammt die bekannte Passage aus Frank Sinatras Song, « the city that never sleeps », was sich offenbar als Spitzname auf die Stadt übertragen hat.

Doch von einer Möglichkeit hatte ich gelesen: der grünen Lunge der Stadt, dem Central Park. Endlich wieder richtig durchatmen ... Was für eine Wohltat, dachte ich mir, während ich den spielenden Kindern auf der großen Wiese zusah. Ich spürte, wie sich meine Befindlichkeit innert kürzester Zeit positiv veränderte, und schöpfte neue Energie. In Gedanken versunken schwelgte ich auf der Parkbank vor mich hin. Wie war ich in diese Situation geraten?

New York – ein Traum?

Ich hatte mir einen Traum erfüllt und ging für drei Monate nach Australien in einen Sprachaufenthalt. Diese Zeit in Sydney war wohl deshalb so wunderbar, weil ich das große Glück hatte, Einheimische kennenzulernen, woraus wunderbare Freundschaften entstanden.

Nachdem ich dann das Land für weitere zwei Monate bereist hatte, war der Plan, dass ich die Reise über Neuseeland, die Südsee und die USA fortsetzen wollte. Ich merkte jedoch schnell, dass sich die Reise in Amerika wohl auf eine Woche New York beschränken würde. New York hatte auf mich schon immer eine magische Anziehungskraft. In meiner Jugendzeit hing sogar ein großes Poster über meinem Bett, das diese Stadt zeigte.

Sieben Tage sollten der grosse Abschluss meiner neunmonatigen Reise dauern. Was ich jedoch nicht bedachte: Nach Monaten im Outback von Australien, nach dem Wandern in Neuseeland und den sehr gemütlichen Wochen auf verschiedenen Inselgruppen in der Südsee wirkt die Energie in New York ganz anders. Die vielen Menschen, die Geschwindigkeit, die andauernde Geräuschkulisse ... All dies machte mir so stark zu schaffen, dass ich Mühe hatte, einen klaren Gedanken zu fassen.

Ein Bett beim Harlem River

Es fing bereits beim Hostel an. Ich dachte, dass es schön klingt, am Harlem River zu übernachten. Dass dieser Fluss die Grenze zwischen Manhattan und der Bronx markiert und als eine eher gefährliche Gegend in der Stadt gilt, merkte ich erst, als ich nach der Ankunft im Hostel einen ausgedehnten Spaziergang machen wollte. Na ja, wenn Manhattan, die Bronx und Harlem an einem Punkt zusammenkommen, dann klingt dies erst einmal ziemlich spannend. Doch mit spannend und generell «Spannung» hat es für mich auch seine Grenzen ...

Unterkünfte in New York sind teuer. Und weil ich mein Reisebudget unter allen Umständen einhalten wollte, reichte es gerade mal für ein Hostel mit einem 12-Bett-Schlafsaal mit vielleicht 30 Quadratmetern. Man hatte ein Bett, eine Ablage für den Rucksack und eine kleine Kommode. Die an gefühlt hundert verschiedenen Orten im Hotel angebrachte Anschrift, «dass für Wertsachen nicht gehaftet wird», brachte mit sich, dass ich über die sieben Tage fast ausnahmslos mein Geld, die Kreditkarte und die Travel-Checks auf dem Körper trug.

Wie laut darf es eigentlich in einem Hostelzimmer sein? Und gibt es eine Verordnung über die effektive Geruchsbelastung? Wohl nicht … Auf alle Fälle war es so laut in diesem Zimmer durch die stark befahrene Straße und das Schnarchen der Mitbewohner, und es stank so intensiv nach Schweiß und Urin, dass ich nur mit doppelten Ohrstöpseln und der extrastarken Tigerbalm-Salbe, die ich mir dick unter die Nase gestrichen hatte, schlafen konnte. Und zu allem Übel gelang es mir nicht wirklich, mich mit den Mitbewohnern anzufreunden. Die waren meist nur für eine Nacht da und hatten offenbar kein Interesse, sich mit einem stark überforderten Schweizer abzugeben. Stark überfordert – das war ich am zweiten Abend tatsächlich …

Irgendwo in der Bronx

Ich hatte den Harlem River nach Norden überquert. Daher musste ich nun wohl irgendwo in der Bronx sein. Doch wo war ich genau? Die Orientierung auf meiner viel zu ungenauen Straßenkarte hatte ich verloren und musste mir eingestehen, dass ich mich verlaufen hatte. «Hier wird es doch irgendwo ein Restaurant oder eine Bar geben, wo ich mich nach dem Weg erkundigen kann», dachte ich mir. Doch mittlerweile war es gegen 23 Uhr und außer der kraftlosen Straßenbeleuchtung war da gar nichts. Vielleicht ein Taxi? Eine Busstation oder die U-Bahn? Ich befand mich nun seit knapp fünfundvierzig Minuten in dieser Situation und lief noch immer orientierungslos durch die Straßenschluchten.

Na endlich, dachte ich mir, als ich an einer Straßenecke drei Personen wahrnahm. Ohne zu zögern, ging ich auf diese zu. Es waren drei Jungs mit Baseball-Caps und aufgrund ihres Aussehens und dem Slang wahrscheinlich mit Migrationshintergrund aus einem lateinamerikanischen Land. «Hei Jungs, könnt ihr mir sagen, wo die nächste Bus- oder U-Bahn-Station ist?» In dem Augenblick, als ich dies sagte, merkte ich instinktiv, dass es wohl keine gute Idee war, diese Jungs anzusprechen. Die drei schauten mich an, und ohne ein Wort zu sagen begannen sie, leicht mit dem Kopf zu wippen. «Sorry, wollte euch nicht stören», kam es aus mir heraus und ich verspürte den starken Drang, möglichst schnell von diesen Jungs wegzukommen. «Ha, der Gringo hat sich verlaufen», sagte der eine, und der zweite doppelte nach: «Keine gute Gegend hier für einen weißen Arsch …»

«Du gehörst hier nicht hin», entgegnete nun auch der Dritte.

«Easy, ich geh dann mal, habt einen guten Abend …», stammelte ich und versuchte dabei in einem ähnlichen Slang zu sprechen.

«Du gehst jetzt nirgends mehr hin – das ist unsere Straße und wir sagen, wer wann wohin geht.» Bevor mich der offensichtliche Anführer am Arm packen konnte, zog ich einen meiner beiden Geldbeutel hervor und schleuderte diesen auf den Boden, sodass sich die vielen Geldstücke mit einem lauten Geklimper vor ihnen verteilten.

Verfolgung

Ich hatte in einem Reiseblog gelesen, dass es förderlich sei, ein zweites Portemonnaie bei sich zu führen, da es immer dazu kommen könne, dass man als Tourist dazu aufgefordert werde, Geld herauszurücken. Das Portemonnaie solle voller Münzen sein. Dieses könne man bei Gefahr auf den Boden knallen lassen und davonrennen. Dass ich diese Methode gleich am zweiten Abend anwenden würde, hätte ich mir nicht im Traum vorstellen können.

Ich sprintete so schnell ich konnte den Weg zurück, von dem ich gekommen war. Offenbar waren die drei Jungs erst noch am Nachschauen, wie viel Geld sie erbeutet hatten. Als sie merkten, dass es nur Münzen waren, erkannten sie den Trick. Laut fluchend nahmen sie die Verfolgung auf. Ich hatte vielleicht dreißig oder vierzig Meter Vorsprung. Ohne zu denken, sprintete ich von einer Gasse in die nächste. Der Mond, der an diesem Abend schon fast voll war, leitete mich. « Immer dem Mond nach », war mein Gedanke, « dann drehe ich mich nicht im Kreis und laufe ihnen nicht unverhofft in die Arme.» Das Fluchen hinter mir wurde leiser, doch ich blieb im vollen Sprint. Zum Glück war ich in meiner Jugend im Leichtathletik-Club unseres Dorfes gewesen und hatte sowohl im Sprint wie auch auf Langstrecken Hunderte von Stunden Training hinter mir. Ich rannte und rannte ...

Irgendwann sah ich den Fluss. Und da ich dem Mond folgte, musste ich nach Südosten gerannt sein, womit dies wohl auch wieder der Harlem River sein musste. Ich sprintete noch immer, obwohl ich nichts mehr hinter mir hörte. Und dann sah ich endlich wieder Lichter und eine belebte Straße. Ach Gott, dachte ich mir, wie man sich über Menschen und Lichter freuen kann ...

Ich ging in die erste Bar, die ich sah, und stellte mich ganz hinten an den Tresen. « Könnte ich bitte eine Cola haben ?»

« Eine Cola – Mann, du hast Nerven ... », entgegnete der Barmann.

Máté

Und so saß ich nun auf dieser Bank im Central Park und hatte nicht wirklich Lust, mich noch fünf weitere Tage in diesem Rummel aufzuhalten. Doch welche Möglichkeiten gab es stattdessen ?

Hinter der Wiese mit den spielenden Kindern entdeckte ich ein paar Leute, die sich Tische und offenbar Brettspiele aufstellten. Irgendeine Energie zog mich dorthin. Es waren vielleicht zehn Tische, auf denen allesamt nun je ein Schachbrett und die Figuren aufgestellt wurden. Ich bin in meinem

Elternhaus mit diesem Spiel aufgewachsen und mochte es schon immer sehr gerne.

«Magst du mitspielen?», erklang es gleich hinter mir. Ein älterer Mann mit dickem Schnurrbart lachte mich an und gab mir die Hand. Er heiße Máté und käme ursprünglich aus Budapest, wie übrigens die meisten der anwesenden Schachspieler. Und keine zwei Minuten, nachdem mir Máté die Hand geschüttelt hatte, saß ich unter einem großen Baum am Brett und eröffnete die Partie mit meinem weißen König-Bauer.

Die restlichen fünf Tage war ich dann jeden Nachmittag von 14 bis 17 Uhr unter den großen Roteichen und spielte mit Máté und meinen neuen ungarischen Freunden Schach. Das hat mir jeden Tag so viel Freude bereitet, dass ich meinen Optimismus auch für Ausflüge zu all den bekannten Sehenswürdigkeiten dieser verrückten Stadt zurückerlangte.

Und an den folgenden Abenden, ausgerüstet mit den doppelten Ohrstöpseln und der Tigerbalm-Salbe, dick unter der Nase eingestrichen, schrieb ich in meinem Bett liegend jeweils die drei guten Dinge des Tages in mein Buch. Dass ich nun endlich schlafen konnte, dass ich wusste, wo es am Harlem River für Spaziergänge sicher war, und dass ich Freunde gefunden hatte, mit denen ich jeden Nachmittag im Central Park unter den großen Roteichen Schach spielte.

Die 8 Formen des Kapitals

Wie du Teil von etwas Größerem wirst

Wie wäre es, wenn unser gesamtes Wirtschaftssystem mehr einem Ökosystem ähnelte, in dem das finanzielle Kapital nicht die einzige treibende Ressource wäre? Und was macht es mit meiner Selbstmotivation, wenn ich mich mit diesen wirklich großen Dingen des Lebens beschäftige?

Diese Gedanken begleiten mich schon seit längerer Zeit. Vielleicht, weil sich immer mehr Anzeichen verdichten, dass unser Wirtschaftssystem an einem Scheideweg steht. Vielleicht jedoch auch, weil ich spüre, dass ich mich mit der Entwicklung der Wirtschaft immer weniger abfinden kann.

Und weshalb könnte dies ein wichtiger Gedanke sein? Vielleicht, weil wir darauf trainiert sind zu glauben, dass Geld das einzige akzeptable Medium für den Austausch von Waren und/oder Dienstleistungen ist. Dadurch vernachlässigen wir jedoch die zahlreichen anderen Möglichkeiten, die als Grundlage für einen nachhaltigen Austausch mindestens genauso sinnvoll wären.

Doch welche Alternativen gibt es zu unserem klassischen Verständnis von Wirtschaft und Kapital? Um in diesen Fragen weiterzukommen, meldete ich mich beim Management-Center Vorarlberg zu einem Seminar mit dem Titel «Regenerative Interventionen» an. Dabei lernte ich das faszinierende Modell der «8 Formen von Kapital» kennen, das diesem Kapitel den Titel gibt.

> *«Unser Wirtschaftssystem ist auf exponentielles Wachstum ausgelegt, da Ziele und Erfolge fast ausschließlich relativ ausgelegt werden. Das führt bei einem avisierten Wachstum von 3 % pro Jahr nach zwanzig Jahren zu einem Wachstum,*

welches fast doppelt so hoch ist wie noch im ersten Jahr und nach vierzig Jahren mehr als dreimal so groß. Die absolute Steigerung der Wirtschaftsleistung steigt immer schneller, doch die dafür benötigten Ressourcen sind limitiert (Bodenschätze, Arbeitnehmende etc.). Es ist logisch, dass diese Art Wirtschaftssystem früher oder später an natürliche Grenzen stoßen wird.»

Mit dieser Erklärung wurde für mich das Thema greifbar und verständlicher. Zudem wurden mir Wege aufgezeigt, wie damit umgegangen werden kann. Mehr noch: Ich habe verschiedenste Impulse bekommen, wie ich selbst etwas dazu beitragen kann. Und wie bei so vielen Themen: Sobald ich merke, dass es Lösungsansätze gibt und dass ich selbst aktiv werden kann, steigt auch unweigerlich meine Selbstmotivation.

Das Modell der 8 Kapitale

Bekannt wurde das Modell durch die Innovationsgruppe um Ethan Roland Soloviev mit dem Ansatz zu regenerativer Landwirtschaft, Wirtschaft und Leben (2015 – *Regenerative Enterprise*). Dabei wird aufgezeigt, dass in einer nachhaltigen Welt alle acht Formen von Kapital auf eine einheitliche Ebene gehoben werden sollten. Die Idee, dass es mehrere Formen von Kapital geben sollte, ist allerdings schon viel älter. Bereits in der griechischen Philosophie findet man solche Überlegungen. Der österreichische Ökonom und Sozialphilosoph Friedrich August von Hayek hat sich diesem Konzept wissenschaftlich genähert. Er war ein Theoretiker des Neoliberalismus und zählte zu den wichtigsten Denkern des Liberalismus des 20. Jahrhunderts.

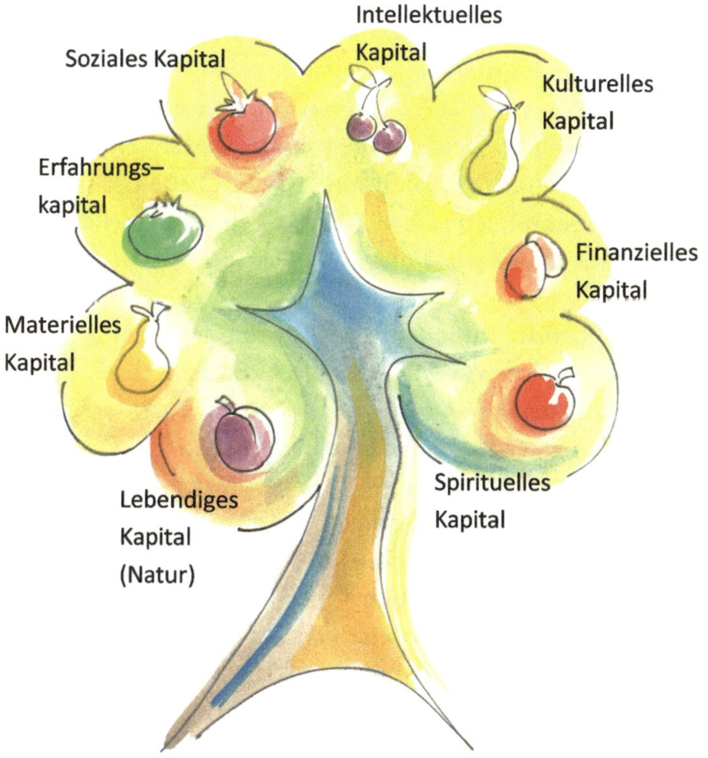

1. Zwischenmenschliche Beziehungen sind die Währung für diese Form von Kapital: das **Soziale Kapital.** Grundlagen dazu sind die Gemeinschaft, die eigene Vernetzung und Bindung darin.
2. **Intellektuelles Kapital** – dies ist das Wissen, das wir besitzen, erwerben und mit anderen austauschen.
3. Die Dinge, die wir tun, bilden das **Erfahrungskapital**: Arbeiten, Reisen, Bauen, Kultivieren und vieles mehr.
4. Über das Geld hinaus fällt es uns leicht, die physischen Güter und Gegenstände, die wir besitzen, als eine eigene

Art von Kapital zu begreifen. Diese Vermögenswerte beginnen als Rohstoffe und werden zu komplexeren Formen wie Häusern, Autos, Konsumgütern usw. entwickelt – das **Materielle Kapital.**

5. Im Gegensatz zu allen anderen Formen von Kapital, die von Einzelpersonen gehalten und ausgetauscht werden, kann **Kulturelles Kapital** nur auf der Ebene der Gemeinschaft funktionieren. Die Währung des Kulturellen Kapitals sind Dinge wie Kunst, Musik, Geschichten und auch Rituale.
6. Das **Lebende Kapital** umfasst sowohl die lebenden Organismen, von denen wir abhängig sind, als auch die lebensnotwendigen Ressourcen, die uns erhalten: Pflanzen, Tiere, Wasser, Luft, Boden und dergleichen. Die Währung des Lebenden Kapitals ist die Vielfalt, der Reichtum und die Qualität dieser Ressourcen.
7. Die meisten setzen **Spirituelles Kapital** wohl mit Religion gleich, aber das muss nicht unbedingt oder ausschließlich der Fall sein. Beispielsweise kann auch der bewusste Aufenthalt in der Natur und die damit erfahrene tiefe Verbundenheit ein solches Kapital darstellen.
8. **Finanzkapital** ist uns allen vertraut, das Mittel, mit dem heute so gut wie alle Menschen Waren und Dienstleistungen austauschen. Die materialistischen Machenschaften im kapitalistischen Markt werden in erster Linie von dieser Form des Kapitals angetrieben.

Eine faire Verteilung all dieser Formen von Kapital ist für eine gerechte und gesunde Gesellschaft unerlässlich. Bis dieser Traum erfüllt sein wird, liegt es an uns, sich auf den Weg zu machen und in all unseren Interaktionen, ob monetär oder anderweitig, nach Werten zu suchen.

Über die vergangenen Jahrzehnte haben sich, allerdings nur in bescheidenem Maße, Tauschbörsen entwickelt. Mit dem Aufschwung des Internets hat sich dieser Markt nun stark vergrößert und es gibt unzählige Webseiten, auf denen vor allem materielle Waren zum Tausch angeboten werden. Mittlerweile werden jedoch auch Dienstleistungen und sogar der zeitlich begrenzte Tausch des Eigenheims angeboten.

Anwendung im Alltag

Als ich mich entschlossen habe, das Modell der acht Kapitale in dieses Buch aufzunehmen, merkte ich schnell, dass hierzu die Anwendung etwas komplexer ausfallen würde. Doch wie bei so vielen Themen gilt auch hier: Es gibt immer eine Lösung, wenn man nur will und seiner eigenen Kreativität vertraut.

Die Anwendung möchte ich mit einem konkreten Beispiel beschreiben. Nämlich, welche Möglichkeiten mir innerhalb meines Berufs für die acht Formen des Kapitals geboten werden. Du kannst das Beispiel wiederum auf deine eigenen Bereiche übertragen und genauso planen.

Ich bin nun schon seit vielen Jahren in der Personal- und Organisationsentwicklung tätig. Dabei gebe ich auch persönliche Coachings. Dies biete ich unter anderem an, wenn sich jemand im beruflichen Kontext verändern möchte. Und weil ich das in diesem Umfeld schon lange mache, den Arbeitsmarkt kenne und verschiedenste Netzwerke habe, läuft das gut und hat offenbar einen Wert. Wie könnte ein Coaching nun konkret anhand der acht Formen honoriert werden?

- **Soziales Kapital:** Für mein Coaching könnte ich in diesem Bereich als Gegenleistung den Zugang zu einem Netzwerk erhalten. Netzwerke sind überaus wertvoll und öffnen einem wohl am schnellsten den Zugang zu neuen Aufträgen.

Und vielleicht ginge es sogar noch einen Schritt weiter und ich könnte aus verschiedenen Netzwerken auswählen? Private Netzwerke, die dann den Zugang zu weiteren privaten Coachings ermöglichen würden. Oder in der Wirtschaft, wo es allenfalls eher Aufträge für Seminare oder Workshops gäbe.
Die Honorierung wäre somit: Coaching gegen Netzwerk.

- **Intellektuelles Kapital:** Dieses Gegengeschäft liegt auf der Hand: Coaching gegen Coaching. Da es so viele verschiedene Themen gibt, in welchen man einen Menschen begleiten kann, wäre dies ein einfacher und logischer Tausch. Wir haben alle unsere Spezialgebiete und können daher unendlich viel über Coaching voneinander profitieren.
Die Honorierung wäre somit: Coaching gegen Coaching.
- **Erfahrungskapital:** Die Erfahrung eignet sich ebenfalls wunderbar als Tauschgrundlage. Jeder von uns hat ein Gebiet, das er oder sie besonders gut beherrscht. Jemand kann gut kochen, eine andere Person kennt sich im Garten aus und wiederum eine andere Person kann einen Raum dekorativ umgestalten. Ich bin handwerklich nicht wirklich talentiert. Daher wäre in dieser Form sinnvoll, eine Coachingstunde gegen eine Stunde Handwerk zu tauschen.
Die Honorierung wäre somit: Coaching gegen Handwerk.
- **Materielles Kapital:** Auch der Tausch mit Materiellem Kapital macht überaus Sinn. Man sieht ab und an, wie z. B. gelesene Bücher getauscht werden oder Sportartikel für Kinder, wenn diese aus den jeweiligen Größen herausgewachsen sind. Es ist wahrscheinlich besonders einfach, in dieser Form ein Gegengeschäft zu finden. Hier könnte ich mir gut vorstellen, dass ich für meine Coachingstunde zwei, drei Bücher bekäme. Oder für einen gesamten Coachingprozess ein Wochenende in einem Ferienhaus.

Die Honorierung wäre somit: Coaching gegen Bücher oder Wochenende im Ferienhaus.

- **Kulturelles Kapital:** Jetzt wird es schwieriger, da das Kulturelle Kapital ausschließlich auf der Ebene der Gemeinschaft ausgetauscht werden kann. Meine Idee hierzu lautet, dass ich mich einem Coachingpool anschließen könnte. Für diesen wiederum würde ich einen Austausch mit einem Coachingpool aus einem anderen Kulturkreis organisieren. Der Austausch von Techniken und Erfahrungen mit Coachings im jeweiligen Kulturkreis und das gegenseitige Lernen voneinander, das wäre dieses generierte Kapital.
  Die Honorierung wäre somit: Coachingerfahrungen und -techniken aus unserem Kulturkreis gegen diejenigen aus einem anderen Kulturkreis.
- **Lebendiges Kapital:** Ich habe keinen Garten, und obwohl ich das Anpflanzen von eigenem Gemüse als etwas Wunderbares empfinde, hat es bis jetzt nicht sein sollen. In diesem Bezug könnte ich mir gut vorstellen, dass ich für einen Coachingprozess eine Ecke in einem Garten bekäme, wo ich mein eigenes Gemüse pflanzen könnte.
  Die Honorierung wäre somit: Coaching gegen Garten.
- **Spirituelles Kapital:** Es gibt weltweit verschiedene Religionen, die das Spirituelle Kapital nutzen. So tauschen sie Gebete und Glauben gegen Währung ein. Im Buddhismus gibt es sogar eine eigene spirituelle Währung in Form von Karma. Für mein Coaching gäbe es hierzu allenfalls eine Gegenleistung in Form eines Ortes der Stille in einer dazu geeigneten Räumlichkeit. In einer solch komplexen und schnelllebigen Welt glaube ich, dass Ruhe immer wichtiger wird. Ganz nach dem Prinzip der Polarität – alles hat ein Gegenstück. Für mich wäre es in dem Fall Spannung mit dem Gegenstück Entspannung. Und genau diese Entspannung wäre die Honorierung.

Die Honorierung wäre somit: Coaching gegen Entspannung.

- **Finanzkapital:** Diese Form kennen wir alle nur zu gut. In dem Fall kostet mein Coaching 200 CHF. Und weil es so einfach ist, wird es wohl mit Abstand am stärksten als Kapital verwendet.
  Die Honorierung wäre somit: Coaching gegen Geld.

Meine Gedanken zu den Beispielen
Ich denke, dass es eine gewisse Gefahr in sich birgt, dass eine Dienstleistung oder Ware nicht genügend gewürdigt werden könnte, wenn sie im klassischen finanziellen Sinne nichts kostet. Daher bedarf es wohl eines größeren Umdenkens, das auf verschiedenen Ebenen geschieht. Vielleicht wird es in Zukunft Preislisten geben, die neben der finanziellen auch die sieben anderen Formen des Gegenwerts angeben? Ich sehe darin eine enorme Chance, wie sich unser Wirtschaftssystem tatsächlich erholen und uns allen eine Entspannung geben könnte. Denn was wäre das für eine große Motivation, wenn unser gesamtes Wirtschaftssystem tatsächlich mehr einem intakten Ökosystem ähnelte?

Was hat das mit Selbstmotivation zu tun?
Das gesamte Wirtschaftssystem könnte tatsächlich einem Ökosystem ähneln. Und mit der Natur haben wir darin das perfekte Vorbild. Ein Vorbild, bei dem im Sinne eines ewigen Kreislaufs die Dinge in Balance in- und aufeinander wirken; ganz ohne Abfall oder überproportionales Wachstum. Wir alle können unseren Teil dazu beitragen. Und Teil von etwas so Großem zu sein, von etwas, das weit über das Eigene hinausgeht, hat immer auch einen Effekt nach innen. Neue Energien können entfacht werden, und dies wiederum ist ein großer Teil der eigenen Selbstmotivation.

« Pelé erzählt »

Später sagte man mir, ich sei wie versteinert dagestanden, als ich realisierte, dass ich auserwählt worden war, mit Pelé ein Gespräch führen zu dürfen.

Wie bei so vielen anderen Prominenten, die bei uns in bester Lage in Zürich zu Gast waren, wurde auch Pelé dem Personal über das « Promi-Anschlagbrett » angekündigt. Neben den üblichen Regeln zu Diskretion und Verhalten war jedoch eine Zusatzinformation angegeben: « An alle Mitarbeitenden unseres Hotels: Pelé hat uns mitgeteilt, dass er gern mit jemandem vom Hotelpersonal einen Kaffee trinken und dabei Fragen beantworten möchte. Voraussetzungen: ein Anstellungsverhältnis von mindestens 80 % sowie gute Englischkenntnisse – eine schriftliche Bewerbung soll bis zum 28. März erfolgen. »

Weil ich seit Kindesalter ein Fan der brasilianischen Fußballnationalmannschaft war und ein Poster von Pelé in meinem Schlafzimmer hing, musste ich nicht lange überlegen, meine Bewerbung für das Treffen einzureichen.

Über siebzig Mitarbeitende hatten sich beworben. Vielleicht war deshalb mein Stolz über die Wahl und auch die Vorfreude so groß. Etwas ungünstig war, dass die Auswahl erst drei Tage vor dem Treffen verkündet worden war. Auf alle Fälle vergingen diese drei Tage für mich wie in einem Film, der mit jeder Sequenz spannender wurde. Am ersten Tag war es einfach die pure Freude. Doch ab dem zweiten Tag überkam mich eine immense Nervosität. Was soll ich Pelé fragen, damit es nicht peinlich wird? Wie wird er antworten? Wird er mich sympathisch finden? Ich konnte plötzlich keinen klaren Gedanken mehr fassen. Ich bekam sogar richtig Angst.

In so einem Fall ist mein Bruder eine gute Anlaufstelle. Denn irgendwie schafft er es immer wieder, meine Gedanken in eine neue Richtung zu steuern. Zudem empfahl er mir, möglichst viel über Pelé zu recherchieren und meine Fragen (auf Englisch) auswendig zu lernen.

Pelé heißt mit bürgerlichem Namen Edson Arantes do Nascimento. Er wurde vom internationalen Fußballverband zum weltbesten Fußballer des zwanzigsten Jahrhunderts gekürt und vom Internationalen Olympischen Komitee im Jahr 1999 sogar zum «Sportler des Jahrhunderts» ernannt. Als ich dies alles recherchiert hatte, war es vollends um mich geschehen. Pelé war einer der berühmtesten Menschen auf unserem Planeten und ich durfte mit ihm Kaffee trinken gehen ...

«Freu dich einfach!», sagte mir mein Bruder. Und genau diesen Satz: «Ich freue mich auf die Begegnung mit Pelé», sagte ich mir dann in den verbleibenden zwei Tagen wohl alle zwei Minuten immer und immer wieder ...

Pelé erwartete mich bereits am Bistrotisch ganz hinten in unserer Hotelbar. Er begrüßte mich mit einem breiten Grinsen und einem Klaps auf meine Schulter. Bevor ich etwas sagen konnte, fragte er mich, wie mir die Arbeit in diesem Hotel gefallen würde. Da ich mich eher auf eine Art Interview mit ihm vorbereitet hatte, war dies doch ein eher unerwarteter Beginn des Treffens. Aber gut, dachte ich mir, das ist ja doch ein sehr sympathischer Anfang.

Ich weiß nicht mehr weshalb, doch plötzlich fragte ich ihn, wie er sein Leben lebe, was seine Lebensphilosophie sei. Nun war Pelé offensichtlich erstaunt. «Wie viel Zeit hast du?», fragte er mich. «Ich denke, dass das von Ihnen abhängt, mir wurde keine Zeitvorgabe gegeben», antwortete ich etwas unsicher.

«Weißt du, als Fußballer war ich viel auf Reisen und nun als Sportminister von Brasilien ebenso. Da hat man viel Zeit, um über das Leben nachzudenken. Ich denke, dass es für jeden Menschen wichtig ist, seiner Bestimmung zu folgen. Damit das Leben vielleicht etwas besser funktionieren kann, habe ich für mich vier Bereiche definiert, welche dieses Ziel unterstützen. Magst du sie hören?» Erstaunt und gleichwohl erfreut sagte ich ihm, dass es eine große Ehre für mich wäre, wenn er mir die Bereiche erklären würde.

Und so begann mir Pelé seine Lebensphilosophie zu erzählen. «Meine Formel der vier Bereiche für ein gutes Leben ist: liebenswürdig sein, gesund leben, schuldenfrei sein, klug handeln. Gerne erkläre ich dir, wie ich das meine und wie ich versuche, diese Bereiche tagtäglich zu leben.

Ich glaube fest daran, dass es in der Natur jedes Menschen liegt, dass man geliebt werden möchte. Doch geliebt zu werden, sollte man sich vor allem verdienen. Die für mich natürlichste und daher auch ehrlichste Art, sich dies zu verdienen, ist, indem man sich liebenswürdig verhält. Dabei meine ich mit Liebe viel mehr als die heutige dominierende romantische Vorstellung. Liebe bedeutet für mich vor allem der tiefe Respekt für einen Menschen, jedoch auch für eine Sache oder einen Ort, und das dadurch resultierende wertschätzende Verhalten. So verstehe ich es, liebenswürdig zu sein.» Damit begann Pelé seine Erklärung, und er fuhr fort: «Allerdings hegt dies auch eine gewisse Gefahr. Denn wir Menschen wollen immer mehr. Die Gier kann auch bei der Liebe überhandnehmen, nämlich wenn man merkt, dass man mit diesem Verhalten schnell sehr weit kommen kann.

Die Gefahr ist, dass man den ehrlichen Pfad der Tugend verlässt und versucht, manipulierend nach Anerkennung, oder eben Liebe, zu streben. Daher ist es elementar, dass man sich immer wieder rückbesinnt, wie ehrlich man gegenüber der oder dem anderen ist und auch gegenüber sich selbst. Schlussendlich gibt es immer einen Dominoeffekt. Gutes Verhalten ist für das eigene Unterbewusstsein wie ein Vorbild für weitere gute Taten. Ungute Taten haben jedoch denselben Effekt. Das alles zusammen bedeutet für mich, liebenswürdig zu sein, nach außen wie auch nach innen.»

Ich saß nach diesen Sätzen Pelés wie gebannt auf meinem Stuhl und traute mich nicht, ihn zu unterbrechen, als er schließlich fortfuhr: «Der zweite Punkt steht für das gesunde Leben. Dabei ist eine Frage für mich zentral, nämlich, was ist für meine Gesundheit wirklich förderlich?

Wahrscheinlich hast du schon Videobeiträge über mich gesehen, in denen ich während eines Spiels mit klarer Absicht gefoult worden bin. Man wollte mich immer wieder so stark verletzen, dass ich nicht mehr weiterspielen konnte. Wahrscheinlich waren dies die schlimmsten Erfahrungen in meiner Fußballkarriere. Doch genau diese schweren Verletzungen haben in mir ein Bewusstsein dafür geweckt, dass für mich meine Gesundheit elementar ist. Auch wenn ich die vielen Fouls meiner Gegner nicht verhindern konnte, ich konnte mich psychisch und physisch darauf vorbereiten. Ich habe versucht, bei jedem Training der Erste auf dem Platz zu sein und der Letzte, der wieder geht. Nochmals und nochmals zu üben und mich in allem zu stärken, was möglich ist. Natürlich ist dies als Sportprofi etwas einfacher als für jemanden, der nicht in diesem Umfeld tätig ist.

Es ist jedoch nicht nur das Training, das zählt, es ist genauso die Ernährung und auch die Erholung. Ich habe mich in all diesen Bereichen weitergebildet und lebe seit Langem nach dem Grundsatz des Dreiecks: Bewegung, Ernährung und Erholung. Tag für Tag, und das empfehle ich dir auch.»

Mittlerweile saßen wir schon fast eine Stunde an unserem Bistrotisch und hatten von Kaffee auf Mineralwasser gewechselt. Bei so viel Flüssigkeitszufuhr musste ich zwischendurch auf die Toilette. Und als ich auf dem stillen Örtchen war, redete ich wieder zu mir: «Erfreu dich an diesem Gespräch!» Die Nervosität war auch jetzt noch nicht verflogen. Doch weil Pelé fast durchgängig erzählte, konnte ich diese ziemlich gut verbergen.

«Mein dritter Punkt ist, schuldenfrei zu sein. Das klingt nun vielleicht etwas eigenartig, denn mit Schulden meine ich nicht ausschließlich die finanziellen Bereiche. Aber ja, im Finanziellen ist meine Devise, dass ich mir ausschließlich kaufe, was ich mir auch leisten kann. Noch wichtiger finde ich jedoch die emotionale Schuldenfreiheit. Du kannst dir das als Metapher wie bei einer Kreditkarte vorstellen: Alles, was du von Menschen bekommst und aufnimmst, sollte in einer gewissen Zeit wieder ausgeglichen werden. Oder wie ich es gerne sage: in die Balance gebracht werden. Denn wenn du dich in eine emotionale Verpflichtung oder gar Schuld begibst, ist das für die eigene Psyche über längere Zeit nicht gesund. Überleg dir daher immer gut, von wem du was annimmst und wie hoch der Preis, emotional gesehen, dafür tatsächlich ist. Wenn du dennoch über eine längere Phase in eine emotionale Schuld gerätst, überleg dir sorgfältig, wie du dies wieder in die Balance bekommen kannst. Wenn du merkst, dass du dich aus einer emotionalen Verbindlichkeit, die du als Schuld wahrnimmst, nicht mehr lösen kannst, dann lass dir professionell helfen. Weißt du, was ich meine?»

«Im Grundsatz denke ich, dass ich es verstanden habe», antwortete ich. «Doch gilt dies nur für einzelne Menschen? Wie sieht es mit der emotionalen Schuld gegenüber Gruppen, der Gesellschaft oder gar der ganzen Welt aus?»

«Das ist eine spannende Frage», antwortete er, während ich merkte, wie er nachzudenken begann.

«Wahrscheinlich lässt sich diese Idee auch gut auf weitere Bereiche ausweiten. Die Frage stellt sich jedoch, inwieweit ich mir dann nicht das Korsett der Schuld überziehe, von dem ich mich nicht mehr befreien kann.»

«Ich verstehe nicht, was Sie meinen.»

«Natürlich bekommen wir unglaublich viel von der Gesellschaft und im Besonderen von der Natur. Ich empfinde es daher genauso als meine Pflicht, meinen Teil beizutragen. Doch wird es hier erheblich komplexer. Es könnte daher schnell passieren, dass man das Gefühl hat, gegen Windräder anzulaufen und nichts zurückgeben zu können. Und genau deswegen ist es für die eigene Psyche so wichtig, dass man sich nicht diese Schuld überzieht, die man nicht mehr loswerden kann.

Es sind wohl auch hier die kleinen Dinge, die man machen kann. Mein erster Punkt, liebenswürdig sein, funktioniert selbstverständlich auch mit Gruppen oder gar mit der Gesellschaft. Auch hier glaube ich an den Dominoeffekt.

Bei der Natur oder generell unserem Planeten, da wird es wohl noch anspruchsvoller. Ich befasse mich immer mehr mit solchen Fragen und den Möglichkeiten darin. Auch blicke ich aufgrund meines Ministeramts vertieft in einzelne Bereiche. Wahrscheinlich denkst du jetzt an die Regenwälder im Amazonasgebiet. Ja, das ist für mein Land eine sehr große Herausforderung, weil so viele verschiedene Interessengruppen involviert sind. Ich möchte jedoch nicht zu tief darauf eingehen, weil wir dafür viel mehr Zeit benötigen würden. Aber dennoch, ja, wir dürfen unserem Planeten nicht mehr Ressourcen entziehen, als dieser wieder regenerieren kann. Wir wissen beide, dass dies leider nicht der Fall ist. Doch dahin müssen wir kommen. Daran führt kein Weg vorbei.»

Bei diesen Worten presste er immer wieder seine Lippen stark zusammen und ich merkte, dass es ihm schwerfiel, über dieses Thema zu sprechen. Ich getraute mich deshalb nicht, tiefer zu bohren, obwohl mich das Thema und seine Haltung schon sehr interessiert hätten.

Wir schauten uns an und sagten für ein paar Sekunden nichts. Dann begann er wieder zu erzählen: «Lassen wir das, das ist sehr politisch. Ich möchte dir lieber noch meinen vierten Punkt erklären, nämlich den des klugen Handelns. Das klingt vielleicht etwas banal, doch glaube ich, dass dies ein elementarer Punkt ist.

Auch hier gibt es ein Dreieck, das ich als Metapher nutze. Mein Dreieck ist: die Sache, wir und ich. Wenn ich also etwas mache, entscheide oder umsetze, dann frage ich mich, was bringt das wirklich der Sache. Natürlich sind dies Dinge, die in einem Kontext stehen und eine gewisse Relevanz haben. Dann frage ich mich: Was hat das mit uns zu tun? Mit uns meine ich mein Gegenüber oder generell die Person, die durch das jeweilige Handeln von mir involviert ist. Ich frage mich dann: Was hat das für Folgen für diesen Menschen? Möchte ich das so? Wie wäre es für mich, wenn ich in der Position dieses Menschen wäre?

Und beim dritten Bereich lautet die Frage: Möchte ich das wirklich so für mich? Ist das auch langfristig die richtige Entscheidung? Klug zu handeln – oder wie ich auch gerne sage: smart zu sein – umfasst daher für mich immer diese drei Bereiche.

Du hast es sicherlich längst bemerkt: Ich denke gerne über diese Dinge nach. Da ich viel auf Reisen bin, habe ich auch genügend Zeit dazu. Am liebsten reise ich übrigens mit dem Zug. Vielleicht, weil mir das monotone Rattern der Zugschienen eine gewisse Entspannung gibt. Vielleicht ist es aber auch die Landschaft, die wie in einem stillen Film an mir vorüberzieht. Nun, vielleicht ist es auch die Kombination aus beidem?»

Das Geschenk

Pelé schaute zur Decke und war offensichtlich tief in Gedanken versunken. Ich ließ diese Stimmung auf mich wirken und realisierte zum ersten Mal in diesen mittlerweile fast eineinhalb Stunden, was für ein großes Geschenk er mir gegeben hatte. Eine knappe Minute lang konnten wir beide in dieser Stimmung schwelgen.

«Serge, es wird Zeit, dass wir uns verabschieden. Ich habe noch einige wichtige Treffen, auf die ich mich nun gerne vorbereiten möchte.»

Ich wusste nicht, wie ich mich anerkennend genug zeigen konnte. Doch nachdem auch die Verabschiedung überaus herzlich war, wusste ich, dass er meine tiefe Dankbarkeit gespürt hatte.

Ich kaufte mir noch am selben Tag einen passenden Rahmen für das Porträt, das er mir geschenkt hatte. Dieses hängte ich über mein Bett, wo es viele Jahre lang verblieb. Auf das Bild hatte er mit einem dicken Filzschreiber geschrieben: «For Serge, from your friend Pelé.» Und jedes Mal, wenn ich das Bild sah, kamen mir seine Worte in den Sinn und ich nahm mir vor, zu versuchen, die Grundlagen seiner Lebensphilosophie möglichst bewusst zu leben.

ACR

Wie dir wertschätzende Kommunikation gelingt

Wie kann ich wertschätzend kommunizieren? Diese Fragestellung höre ich sehr oft. Teilnehmende in meinen Seminaren berichten mir, dass sie immer wieder mit der Kritik konfrontiert werden, «nicht wertschätzend» zu kommunizieren. Ich versuche diese Frage stets von zwei Seiten aus zu beleuchten: Zuerst analysieren wir die eigene Haltung und dann suchen wir nach einer effektiven Technik.

Die eigene Haltung, gleichwohl gegenüber der Person, mit der man spricht, wie auch gegenüber sich selbst, ist ein wichtiger Faktor. Was halte ich von meinem Kommunikationspartner? Wie ist unsere Beziehung? Was halte ich generell von Menschen? Was halte ich von mir? All diese Punkte schwingen in einer Kommunikation – unterschwellig – mit.

Auf der anderen Seite gibt es Kommunikationstechniken, die recht einfach trainiert werden können. Es gibt Dutzende solcher Techniken, die mal mehr und mal weniger passend erscheinen. Schlussendlich sollte man sich jedoch nicht verzetteln. Ich empfehle, dass man zu Beginn nur eine Technik anvisiert. Wenn man diese Technik dann wirklich lebt und anwendet, dann wird man auch wertschätzender kommunizieren. Bei Bedarf kann das Repertoire daraufhin noch weiter ergänzt werden.

Die für mich wirksamste Technik ist die ACR-Methode, die in diesem Kapitel erklärt werden soll.

Was ist Wertschätzung?

Interessanterweise lässt sich die Bedeutung von «Wertschätzung» bereits aus dem Kompositum selbst erschließen: dass man den Wert, in diesem Fall eines Menschen, schätzt.

Klingt ziemlich simpel und sollte eigentlich kein Problem darstellen. Oder etwa doch?

Es ist auffällig, dass die Bezeichnung immer populärer wird. Man hört es beinahe überall. In der Partnerschaft und der Familie, im Freundeskreis und immer stärker auch bei der Arbeit. Jede und jeder soll Wertschätzung zeigen. Na ja, ein kleines Lob hier und da und gelegentlich eine Belohnung, und schon hat sich die Sache erledigt? Dass man bei uns in Zentraleuropa noch immer das Sprichwort «Nicht getadelt ist genug gelobt» kennt, sagt schon einiges über unsere Haltung aus. Doch Wertschätzung geht viel tiefer, als oftmals angenommen wird. Eine Definition, die ich aus der Existenzanalyse kenne und die fast identisch in der Positiven Psychologie verwendet wird, ist folgende:

> *«Wertschätzung ist die positive Bewertung eines anderen Menschen. Sie gründet auf einer inneren Haltung anderen gegenüber. Wertschätzung betrifft einen Menschen als Ganzes, sein gesamtes Wesen. Sie ist unabhängig von Taten oder Leistungen, auch wenn diese die subjektive Einschätzung der Wertschätzung beeinflussen. Wertschätzung ist verbunden mit Respekt, Wohlwollen und Anerkennung. Sie drückt sich aus in Zugewandtheit, Interesse, Aufmerksamkeit und Freundlichkeit.»*

Es ist wohl diese tiefgehende Bedeutung von Wertschätzung, die sie für uns Menschen so schwierig macht. Denn wir haben noch immer das Gefühl, dass man vor allem Leistungen honorieren sollte. Die Wertschätzung für den Menschen, und genau das ist der entscheidende Faktor, schrumpft dabei auf den Funktionswert. Echte Wertschätzung betrachtet den Menschen hingegen als Ganzes in seiner Persönlichkeit und Einzigartigkeit und nimmt damit Bezug auf den «Seinswert». Gemäß dieser Denkweise erhält der Mensch allein durch seine Existenz einen positiven Wert, wodurch sich die Frage nach der Opportunität erübrigt.

Aus meiner Erfahrung heraus glaube ich zudem, dass wirkliche Wertschätzung mitunter der stärkste Balsam für unsere Seele ist. Jeder Mensch hat seine inneren Konflikte. Tiefe Wunden, von denen fast niemand etwas weiß. Das Zitat des verstorbenen amerikanischen Schauspielers Robin Williams trifft es für mich sehr gut: «Jeder, den du kennst, kämpft eine innere Schlacht, von der du nicht weißt. Sei nett. Immer.»

Der Dialog als Basis für wertschätzende Kommunikation

Um wertschätzend kommunizieren zu können, benötigt es eine gewisse Grundhaltung. Am naheliegendsten empfinde ich dabei diejenige aus der Existenzanalyse.

«Dialogos», aus dem Griechischen kommend, setzt sich aus den beiden Worten «logos» und «dia» zusammen. «Logos» hat verschiedene Bedeutungen, doch am ehesten kann es mit «Sinn», «Wort», «Sprechen» oder «Verstehen» übersetzt werden. Das Wort «dia» bedeutet «durch». Daher drückt «Dialog» aus, «wie durch Sprechen Verstehen entstehen kann».

In der Diskussion hingegen möchte man den Gesprächspartner von der eigenen Meinung überzeugen, um einen Schlagabtausch zu gewinnen. Der Fokus liegt auf einer starken Argumentationsfähigkeit, was oft dazu führt, dass Sprechpausen zum Ordnen der Folgeargumente genutzt werden. Dass man dabei dem Gegenüber nicht wirklich zuhören kann, liegt auf der Hand.

Ganz im Gegensatz zum Dialog. Beim Dialog liegt das Interesse im Gegenüber; man möchte verstehen, wahrnehmen oder sogar lernen. Man könnte auch von einem wahren Begegnungsmoment zwischen zwei Menschen oder auch innerhalb einer Gruppe sprechen. Ein solcher Moment entsteht überall dort, wo der Mensch in Beziehung steht, sich als Angesprochener erlebt und sich zum Ausdruck bringt. Ich sehe in der dialogischen Haltung die Basis, damit wertschätzende Kommunikation gelingen kann.

Von Wertschätzung zur Selbstmotivation

Die meisten meiner Erläuterungen basieren auf den Grundlagen der Existenzanalyse und der Positiven Psychologie. In beiden Lehren wird immer wieder darauf hingewiesen, dass Wertschätzung die Selbstmotivation steigert; gleichwohl für die gebende wie auch für die empfangende Person. Mehr noch: In der Existenzanalyse ist Wertschätzung eine der drei Grundvoraussetzungen (neben Aufmerksamkeit und Gerechtigkeit) für die Entwicklung des Selbstwerts.

Wertschätzung hat zudem einen äußerst positiven Einfluss auf unsere Gesundheit; sowohl auf die psychische wie auch auf die physische. Sie steigert das Selbstbewusstsein und führt zu mehr Selbstvertrauen und Selbstsicherheit. Dies wiederum führt zu mehr Selbstmotivation.

Ein Exkurs in die Wissenschaft

Welche Kommunikationstechnik verbessert nachhaltig eine Beziehung? Welche Art der Kommunikation kommt «wertschätzend» beim Gegenüber an? Für mich war und ist die wertschätzende Kommunikation nicht nur im beruflichen Kontext anspruchsvoll. Wie oft bin ich in meinen Kommunikationsversuchen im Privaten gescheitert, habe mich missverstanden gefühlt oder merkte, dass das, was ich sagen wollte, beim Gegenüber nicht annähernd so ankam, wie ich es meinte ... Ja, die Kommunikation ist wohl die anspruchsvollste Disziplin im sozialen Umgang.

Eine spannende Studie (der University of Pennsylvania) zeigt, dass es in den Grundlagen des Menschen liegt, rücksichtsvoll und wohlwollend einer Person zu begegnen, die sich in einem negativen Umstand befindet. Oder einfach gesagt: Wir sind tendenziell hilfsbereit, wenn es jemandem nicht gut geht. Die Studie wollte jedoch vor allem herausfinden, wie wir uns verhalten, wenn sich eine Person in einer besonders positiven Situation befindet. Wie reagieren wir dann? Man stellte fest, dass die Reaktionen viel weniger rücksichtsvoll und wohlwollend ausfielen. Sogar das Gegenteil trat sein: Neid und Missgunst waren oftmals die dominantesten Reaktionen, die gemessen wurden. Doch genau an diesem Punkt streichen die Wissenschaftler eine äußerst wertvolle Grundlage heraus: «Eine wohlwollende Rückmeldung an eine Person in einem positiven Zustand hat eine stärkere Nachhaltigkeit in der jeweiligen Beziehung als eine wohlwollende Reaktion auf einen negativen Zustand.»

Und weshalb ist das so? Wahrscheinlich aufgrund unserer Veranlagung, helfen zu wollen, wenn etwas Negatives geschieht; da wir wertschätzend, tröstend und empathisch reagieren, wenn es unserem Gegenüber nicht gut geht. Dies wird als Selbstverständlichkeit angesehen. Doch tun wir es auch für uns selbst. Um unser Gewissen zu beruhigen, unser Ego zu stärken und später auch mal den Anspruch haben zu dürfen, Hilfsbereitschaft zu erfahren.

Die ACR-Methode

Mittlerweile gibt es an vielen Universitäten außerhalb der USA Lehrstühle in Positiver Psychologie, weshalb auch sehr viel Material zu finden ist. In Büchern und auf verschiedenen Websites bin ich dann vor allem auf das Thema «Beziehung» und «Kommunikation in Beziehungen» gestoßen. Eine Aussage darin empfand ich als besonders bemerkenswert: «Eine wirklich gute Freundschaft ist dann stark, wenn man sich vorbehaltlos für sein Gegenüber freuen kann, wenn ihm etwas Positives widerfahren ist.»

Nach den Grundsätzen eines gesunden Menschenverstands sollte dies nichts Außergewöhnliches sein. Doch wahrscheinlich hat schon jeder von uns Erfahrungen gemacht, in welchen wir mit Missgunst und Neid konfrontiert wurden. Vielleicht ist es ein Phänomen unserer Zeit und unserer Kultur, dass man eher misstrauisch auf Positives reagiert. Doch anscheinend ist genau dieser Punkt elementar für jede Beziehung, für jede Freundschaft, generell für jeden sozialen Kontakt. Wie kann dies nun verstanden und in eine Struktur gebracht werden? Ich merkte, dass mich dieser Gedanke nicht mehr losließ.

Es dauerte nicht lange, bis ich auf den Namen Shelly Gable stieß. Sie war an der University of California in Santa Barbara als Professorin tätig und hat mit «Active-Constructive-Responding» (kurz ACR) genau die Methode in die Welt gesetzt, nach der ich suchte. Shelly Gable untersuchte in ihren Studienarbeiten die psychologischen Einflüsse von unterschiedlichen Reaktionsarten auf positive Gegebenheiten. In ihrem Modell stehen sich vier Möglichkeiten gegenüber.

Anwendung im Alltag

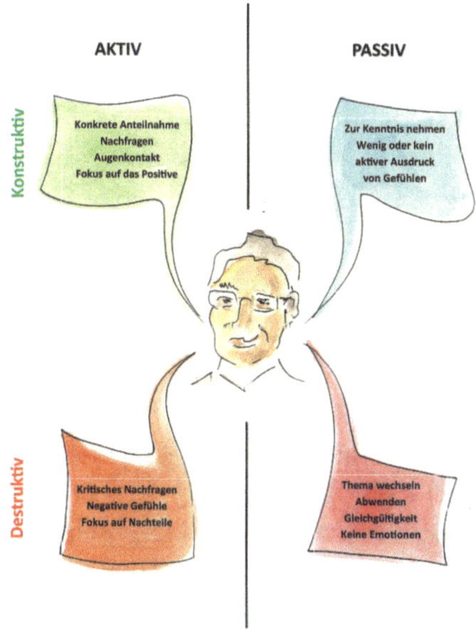

Wenden wir uns einem konkreten Beispiel zu: Eine Teilnehmerin aus einem Seminar kommt zur Trainerin und erzählt voller Freude: «Ich habe soeben per Telefon erfahren, dass ich von meiner Firma zur Teamleiterin ernannt worden bin und bereits ab kommendem Monat das gesamte Team führen darf.»

- **Aktiv konstruktiv:** Die positiven Gefühle des anderen aufnehmen, eigene positive Gefühle zum Ausdruck bringen, interessiert nachfragen und offene Fragen stellen, Augenkontakt halten, sich zuwenden und lächeln.
  «Das ist ja wunderbar! Das hast du wirklich verdient. Ich bin stolz auf dich und freue mich mit dir! Wie war es für dich, als du es von deinem Chef erfahren hast? Erzähl mal ...! Und berichte doch gleich nach der Pause der ganzen

Gruppe davon. Wollen wir nach dem Seminar gemeinsam darauf anstoßen?»

- **Passiv konstruktiv:** Die Nachricht sachlich aufnehmen und zustimmen, wenige oder keine Gefühle zeigen und auch nicht über Gefühle sprechen.
  «Das ist eine gute Nachricht. Glückwunsch.»
- **Aktiv destruktiv:** Negative Gefühle von einem selbst oder vom Gegenüber zum Ausdruck bringen, kritisieren und mögliche Probleme ansprechen, übertreiben, ausfragen, Stirnrunzeln.
  «Oh je, da wird bestimmt viel Arbeit auf dich zukommen und du wirst sicherlich massiv Überstunden machen müssen. Und deine Weiterbildung bei mir… Hast du dann überhaupt noch Zeit dafür?»
- **Passiv destruktiv:** Das Thema wechseln, den anderen ignorieren, sich abwenden, wenig oder kein Augenkontakt, den Raum verlassen.
  «Ich habe heute so viel Ärger mit diesem Seminar, das glaubst du gar nicht.»

Shelly Gable und ihre Studienkollegen konnten nachweisen, dass die aktiv konstruktive Art des Antwortens für beide Seiten mit Abstand den höchsten Nutzen hat. Für die antwortende Person entsteht ein positives Gefühl, da sie umgehend spürt, dass ihre Rückmeldung einen positiven Effekt auf ihr Gegenüber hat. Die angesprochene Person wiederum spürt Wertschätzung. Es entsteht ein Kreislauf, bei dem beide Gesprächspartner voneinander profitieren können. Passive oder destruktive Reaktionen bieten keine solche Erfahrung. Im Gegenteil: In passiven oder destruktiven Antworten erleben die Gesprächspartner Stress und Frustration.

Anhand dieses Beispiels erscheint es logisch, dass in einer aktiv konstruktiven Art geantwortet werden soll. Doch wie oft tun wir dies tatsächlich? Ich merke bei mir selbst, dass ich mich stets daran erinnern muss. Wenn ich es jedoch umsetze, wird eine unglaublich positive Kraft freigesetzt. Es scheint, als würde die jeweilige Beziehung von einer ganz anderen Qualität durchzogen.

Wie sich die Methode bewährt

Ich versuche die ACR-Methode gleichwohl in Seminaren wie auch in meiner persönlichen Kommunikation zu nutzen. In den Lehrgängen zu Kommunikation gehört die ACR-Methode mittlerweile zu meinem festen Fundus an Methoden und Modellen. Im Gegensatz zu den Modellen von Schultz von Thun oder Watzlawick ist die ACR-Methode fast immer unbekannt unter meinen Teilnehmenden. Der Unterschied zwischen Modell und Methode macht hier wohl den besonderen Reiz aus. Ein Modell gibt die wesentlichen Zusammenhänge in einem System wieder und erlaubt zu verstehen, wie verschiedene Faktoren miteinander in Wechselwirkung treten. Es erlaubt den Blick auf die wesentlichen Wirkungsmechanismen. Ein Modell muss nicht zwingend einfach sein (wie die Modelle von Schultz von Thun und Watzlawick). Es liefert auch keine Handlungsempfehlung zum Erreichen eines Zustands. So eine Handlungsempfehlung bzw. Hilfestellung für die Praxis liefert erst die Methode – wie die ACR-Methode, die auf einem durchaus komplizierten und unverständlichen Modell basiert. Man kann diese Methode trainieren und dann anwenden, um einen gewissen Effekt zu erzielen.

Tipp: Versuch zu beobachten, wie dein Umfeld kommuniziert. Welche Kommunikationsstile empfindest du als wertschätzend und weshalb? Nimmst du die Umsetzung der ACR-Methode bei jemandem wahr? Das Wahrnehmen von Kommunikationstechniken funktioniert auch gut in Cafés oder im Zug. Beobachten und daraus lernen – das ist eine wunderbare Sache.

Üben, üben, üben ... Grundsätzlich ist die Methode einfach anzuwenden. Es benötigt keine Anmoderation oder Erklärung und auch die Logik dahinter ist einfach zu verstehen. Daher ist das Einzige, was man tun sollte, es zu tun. Doch genau hier liegt der Haken. Bei uns in Zentraleuropa ist es (noch) nicht etabliert, dass man wertschätzend miteinander kommuniziert. Obwohl es wohl von jedem erwünscht ist, nehmen wir uns einfach nicht die nötige Zeit und Muße dafür.

Um die Methode wirklich in seine eigene Kommunikation zu integrieren, benötigt es mit Sicherheit sehr viel Training. Immer und immer wieder üben. Denn die wirkliche Integration ins Leben ist dann gelungen, wenn es ganz natürlich und intuitiv geschieht.

Konklusion

Kommunikation ist und bleibt wahrscheinlich die anspruchsvollste Disziplin innerhalb eines sozialen Gefüges. Auch heute scheitere ich immer mal wieder in meiner Kommunikation; zum Glück jedoch seltener, seitdem ich die «ACR-Methode» kenne.

Der Schlüssel liegt in der eigenen Haltung. Ehrlich, wohlwollend, mit wirklichem Interesse und in der dialogischen Haltung sein: das ist das Fundament, auf dem wir aufbauen können. Ja, das ist nicht immer einfach und verlangt unaufhörliches Arbeiten an sich selbst. Doch es lohnt sich. Denn Wertschätzung sorgt nicht nur bei unserem Gesprächspartner, sondern auch bei uns selbst für ein gutes Gefühl und für Selbstmotivation.

« Celebrities sind auch nur Menschen »

« Ja, wo ist denn der Schweizer ? », schallte es im englischgefärbten Dialekt der Steiermark durch die Hotellobby. Arnold Schwarzenegger war ein Stammgast bei uns im *Grand Bay Miami*, und möglicherweise, weil ich der einzige deutschsprachige Mitarbeitende war, hatte er mich bei seiner Ankunft immerzu auf dem Radar. Es war schon fast Tradition, dass er mich auf der Terrasse an seinen Tisch bat und wir zusammen einen Kaffee tranken. Ich denke, dass er es einfach genoss, in seiner Muttersprache über Gott und die Welt zu sprechen. Am liebsten erzählte er mir von seinem Heimatland Österreich und von « seiner » Stadt Graz. Da ich ebenfalls eine große Verbundenheit zu Österreich spüre, waren wir in unserer Kommunikation gleich auf einer sehr freundschaftlichen Ebene.

Nach den vielen Erlebnissen mit Celebrities in den beiden Fünfsternehotels in der Schweiz und vor allem auch während meiner Arbeit auf dem Luxus-Kreuzfahrtschiff hatte ich mittlerweile einen ziemlich geübten Umgang mit solchen Berühmtheiten. « Celebrities sind auch nur Menschen », hörte ich immer wieder. Und klar, sie haben genau dieselben Bedürfnisse, Sorgen und Wünsche wie wir alle auch. Und dennoch gibt es gewaltige Unterschiede im Verhalten. Man könnte meinen, dass diese weltberühmten Persönlichkeiten eine gewisse Contenance an den Tag legen können, wenn sie in einem solch schönen Hotel zu Gast sind. Aber weit gefehlt: Da erlebt man schlicht und einfach alles, was der Mensch mit all seinen Facetten zu bieten hat ! Ich kenne diese Menschen selbstverständlich nicht wirklich. Doch durfte ich mit sehr vielen berühmten Persönlichkeiten bereits längere Gespräche führen. Arnold Schwarzenegger gehörte dabei zu den für mich angenehmsten Celebrities.

Vor allem im *Grand Bay Miami*, in dem ich drei Jahre lang im operativen Management gearbeitet habe, gab es wohl fast nichts, was ich *nicht* erlebt habe. Weil es zu dieser Zeit das beste Hotel von Miami war, hatten wir viele Stars zu Gast. Egal ob aus der Film-, Musik-, Sport- oder Politikbranche: Man konnte sie alle in unserem Reservationssystem finden. Der prominenteste Gast war wohl der damalige amerikanische Präsident.

Für mich war es auf der einen Seite spannend zu erfahren, was diese Menschen zu erzählen hatten. Auf der anderen Seite beobachtete ich, *wie* sie erzählten. Ich entwickelte eine gewisse Freude daran, die verschiedenen Kommunikationstechniken der Menschen zu studieren. Was empfinde ich, wenn mein Gegenüber mit mir spricht? Wie wertschätzend empfinde ich seine Art und seine Kommunikation? Erzählt er ausschließlich von sich selbst oder stellt er auch Fragen?

Zwei Erlebnisse sind mir besonders stark in Erinnerung geblieben. Ich wurde über den Not-Pager an die Rezeption gerufen. Es war Sonntagabend, und weil ich der einzige Manager im Haus war, lag die gesamte Verantwortung bei mir.

Ich sah den italienischstämmigen Hollywoodstar schon von Weitem, als ich die große Wendeltreppe vom Restaurant zur Eingangshalle hinunterhastete. Soviel ich wusste, war er kein Stammgast, doch jeder im Haus kannte ihn aus unzähligen Action-Blockbustern. Breitbeinig stand er vor den drei Rezeptionistinnen, die offensichtlich völlig überfordert waren. Er schrie so laut, dass sich seine Stimme überschlug und gefühlt in doppelter Resonanz von den hohen Decken zurückhallte. Sein Hemd war fast bis zum Bauchnabel aufgeknöpft und über der unglaublich stark behaarten Brust schimmerte ein goldenes Kreuz, das, wie es schien, mit Diamanten bestückt war. Ich versuchte mich mit möglichst ruhiger Stimme vorzustellen und bot ihm die Hand zur Begrüßung an. Diese Geste verstand er offenbar als Aufforderung, auch mir seine Frustration zu verdeutlichen, und so presste er meine Hand derartig stark, dass ich gleichwohl erschrak und einen richtig heftigen Schmerz verspürte. Na ja, wenn mir schon jemand mit bloßer Manneskraft die Hand brechen sollte, dann zumindest der Held, der in mindestens fünf Filmen die Welt gerettet hatte …

Seinen Angaben zufolge hatte seine Sekretärin für ihn die *White Penthouse Suite* gebucht. Das war die größte Suite im Haus. Zur Verdeutlichung: In der Mitte des Wohnraums stand ein blütenweißer Steinway-Flügel. Diese Suite war jedoch für einen ganzen Monat an einen japanischen Starpianisten vermietet, der bei uns an neuen Stücken arbeitete, wie mir dieser erzählt hatte.

Irgendwie konnte ich unseren solariumgebräunten Superstar von den Vorzügen der *Black Penthouse Suite* überzeugen, womit er auch aufhörte, mir in jedem zweiten Satz zu drohen, noch heute Abend zu unserer Konkurrenz zu wechseln, was mit Sicherheit ein gefundenes Fressen für die Presse sei.

Zurück im Restaurant ließ mich dieser Vorfall nicht wirklich los. Wir hatten einen der bekanntesten Schauspieler im Haus, doch dieser war mit Sicherheit immer noch stark verärgert. Dann kam mir die Idee, dass ihn ein italienischer Rotwein besänftigen könnte. Ich ging in unseren Weinkeller und entschied mich für eine Magnumflasche *Brunello di Montalcino* aus dem Hause *Canalicchio di Sopra*.

Mit einer doch ziemlich großen Unsicherheit und einem lauen Gefühl in der Magengegend nahm ich den Lift in den obersten Stock. Etwas verwundert nahm ich wahr, dass die Tür zu seiner Suite ganz leicht geöffnet war … Vorsichtig klopfte ich dreimal an die Tür und gab mich mit meinem

Namen zu erkennen. Umgehend erschallte es mit der mir bereits bekannten kräftigen Stimme aus der Richtung des Badezimmers, ich solle doch eintreten.

Ich wartete im Entrée etwa eine Minute, doch nichts rührte sich. «Ich bin es nochmals, Serge, der Manager. Wir hatten uns vorhin an der Rezeption kennengelernt. Ich habe für Sie eine schöne Flasche italienischen Rotwein – als Entschuldigung für unser Versäumnis.» Wieder wartete ich gut eine Minute, doch nichts rührte sich. Ich wollte die Flasche hinstellen und wieder gehen, da kam er aus dem Badezimmer.

Ich werde diesen Anblick nie mehr vergessen.

Er stand wiederum äußerst breitbeinig vor mir, doch dieses Mal vollkommen nackt. Ach Gott, war das peinlich. Ich wusste nicht, wohin ich schauen sollte ... Ich stammelte ein paar entschuldigende Worte, streckte ihm die Flasche Wein entgegen, wünschte ihm einen schönen Abend und verließ die Suite, so schnell ich konnte.

Ja, diesen Augenblick werde ich nie mehr vergessen. Wenn ich heute seine Filme schaue und er gerade mal wieder die Welt rettet, denke ich: Dieser Mann stand splitterfasernackt vor mir, und in der «breitbeinigsten» Manier, die man sich nur vorstellen kann.

Auch die Körpersprache gehört zur Kommunikation, dachte ich mir, als ich aus der Suite flüchtete – und konnte mir ein kurzes Lachen nicht verkneifen. Ebenso kann Kommunikation viel mit Machtgehabe zu tun haben, war mein nächster Gedanke. Spürte ich Wertschätzung mir gegenüber? Absolut nicht. Ich hatte nichts mit der verpatzten Reservation zu tun und doch bekam ich die gesamte Ladung Frustration von ihm ab. Und meine Hand schmerzte noch immer ...

Zum Glück gibt es auch andere Beispiele. Und wenn ich alle Erlebnisse zusammenzähle, dann überwiegen die positiven bei

Weitem. Dazu gehört auch die Begegnung mit der Sängerin Shakira.

Das ganze Personal freute sich, als mitgeteilt wurde, dass Shakira für einen ganzen Monat zu Gast sein würde. Vor allem, weil gut 90 Prozent der Mitarbeitenden Spanisch als Muttersprache hatten und Shakira in der lateinamerikanischen Welt eine der bekanntesten Sängerinnen überhaupt darstellte. Uns wurde mitgeteilt, dass ihr neues Haus in Miami Beach noch nicht bezugsbereit sei, sie jedoch den Bau persönlich überwachen wolle.

Ich war nervös, als angekündigt wurde, dass sie an diesem Morgen zum Frühstück kommen würde. Gewünscht war ein Tisch auf der Terrasse; etwas abseits und nur für sie allein. Die Uhrzeit wurde jedoch nicht angegeben. Ich war um 6.30 Uhr vor Ort. Und dann stand sie plötzlich vor mir am Empfang. Was für ein Sonnenschein, dachte ich. Ein riesengroßes Lächeln im Gesicht, barfuß und mit einer Haarpracht, wie ich sie zuvor nur selten gesehen hatte.

Shakira stammt aus Kolumbien, wo sie auch ihre Kindheit und Jugend verbrachte. Ihr Vater wiederum hat libanesische Wurzeln, was vermutlich ihren Tanzstil inspirierte.

Ich begleitete sie an ihren Tisch und servierte den ersten Kaffee. Was für eine wunderschöne Frau, dachte ich mir und merkte gleichzeitig, dass mein Blick immer wieder auf ihre nackten Füße fiel. Ich fand es amüsant, dass Prominente und Nacktheit in diesem Hotel offenbar zusammengehörten ...

Shakira kam jeden Morgen um 9 Uhr zum Frühstück. Und jeden Morgen hatte sie ein anderes Kleid an; meist luftig geschnitten und in den unterschiedlichsten Brauntönen gehalten. Tatsächlich sah ich sie in der gesamten Zeit bei uns im Hotel nicht ein einziges Mal mit Schuhen.

Nach etwa zwei Wochen fragte sie mich, ob ich ihr nicht kurz Gesellschaft leisten könne. Mir schien, als hätte sie immerzu ein Lachen im Gesicht. Und gelacht wurde an diesem Morgen noch sehr viel. Sie erzählte von Tour-Erlebnissen und von ihrem neuen Haus, wie sie zur Musik gekommen war und was sie sich hier in Miami noch alles ansehen wolle. Sie interessierte sich jedoch auch für meine Geschichten. Als ich ihr erzählte, dass ich es kaum erwarten konnte, dass mein Bruder morgen aus der Schweiz zu Besuch kommen würde, da hatte ich das Gefühl, dass sie sich wahrhaftig für mich freute. Sie erkundigte sich nach unserer Beziehung und fragte mich, was ich ihm alles in Miami zeigen wolle.

Ich kannte zu dieser Zeit die ACR-Methode noch nicht. Doch spürte ich genau in diesem Augenblick die unglaublich positive Kraft, die entsteht, wenn sich jemand aufrichtig für mich interessiert und sich darüber freut, dass mir etwas Gutes geschieht.

In den folgenden zwei Wochen offerierte sie mir immer wieder, mich an ihren Tisch zu setzen, um gemeinsam den Morgenkaffee zu genießen.

Am Ende ihres vierwöchigen Aufenthalts verabschiedete sie sich tatsächlich mit einem dicken Kuss auf die Wange und einer herzhaften Umarmung von mir. Ich war ganz besonders erfreut, als sie mir auch noch ein Ticket für ihre Show in der Miami Arena schenkte. Bei dem Konzert, wo ich fast zuvorderst stand, hatte ich das Gefühl, dass sie mich immer wieder ansah und dabei fröhlich lachte.

Es spielt überhaupt keine Rolle, ob jemand berühmt ist oder nicht. Die innere Haltung zählt! Ich hatte das Gefühl, dass Shakira gleichwohl nach innen wie auch nach außen gelächelt hat, wodurch sie unglaublich ehrlich und authentisch wirkte. Ich glaube fest daran: Wenn man freundlich mit sich selbst umgeht, dann geht man auch freundlicher mit seinen Mitmenschen um. In all den Jahren, in denen ich Menschen in ihren Lebensfragen begleiten durfte, hat sich diese Annahme bewährt.

Akzeptanz

Wie du zur inneren Zufriedenheit gelangst

Wie kann man Zufriedenheit definieren? Eine mögliche Antwort könnte sein: «Zufriedenheit ist die Folge der Akzeptanz von dem, was ist.» Doch weshalb fällt es uns oft schwer, die Dinge so zu akzeptieren, wie sie sind? Vielleicht, weil wir uns im Vorhinein oft ausmalen, wie die Zukunft sein wird. Wenn dann etwas Unerwartetes dazwischenkommt, bedeutet die Akzeptanz der neuen Umstände gleichzeitig den Abschied von einer liebgewonnenen Zukunft, die nun nicht mehr möglich ist. Oder vielleicht auch, weil wir in einem Überfluss leben, fast alles käuflich ist und wir oft das, was ist, vergleichen mit dem, was man stattdessen lieber hätte?

Akzeptanz bedeutet nicht, dass man einfach alles gut finden und naiv annehmen soll. Nein, Akzeptanz ist in diesem Kontext ein klares Ja zum Leben und somit eine bewusste Entscheidung, mit dem Leben einverstanden zu sein.

Die Idee, dass ein Leben glücklicher gelebt werden kann, wenn man die Dinge akzeptiert, ist alles andere als neu, sondern wohl so alt wie die Menschheitsgeschichte. Aus fast allen Kulturen und Zeitepochen lassen sich diesbezüglich Weisheiten finden. Und auch in meinen beiden liebsten Lerngrundlagen, der Existenzanalyse und der Positiven Psychologie, ist die Akzeptanz ein elementarer Grundpfeiler.

Weshalb ist es sinnvoll, zu akzeptieren? Ich sehe darin verschiedene Vorteile; vor allem habe ich festgestellt, dass man viel weniger Energie benötigt, wenn man etwas akzeptiert, so wie es ist, anstatt sich dagegen aufzulehnen. Generell ist es schwieriger, in ein wirklich konstruktives Handeln zu kommen, wenn man sich auflehnt. Dies hat sicherlich auch mit einer erhöhten Emotionalität zu tun. Ich bin überzeugt, dass in einer erhöhten Emotionalität die eigene Realität verzerrt wird. Die Gefahr besteht, dass man durch die Verzerrung mögliche Chancen oder positive Aspekte des Umstands gar nicht mehr erkennen kann. Ich glaube fest daran, dass man sich einfach glücklicher fühlt, wenn man eine grundlegende Akzeptanz in sich trägt.

Natürlich benötigt es für ein gelungenes Leben auch eine angemessen kritische Haltung. Und dass Zweifel und ein gesundes Misstrauen ein wohl ständiger Begleiter von sehr vielen Menschen sind, macht in einem gewissen Maß wohl auch Sinn. Ich möchte an dieser Stelle auf einen Begriff hinweisen, den man im alltäglichen Gebrauch wohl gern als Synonym für Akzeptanz verwendet, der jedoch etwas ganz anderes bedeutet: die Toleranz. Während die Toleranz eher mit Ertragen oder Dulden umschrieben werden kann, geht es beim Akzeptieren um das Annehmen, Anerkennen und Gutheißen.

Ein Stolperstein in diesem Zusammenhang ist die Schuldzuweisung; denn um etwas nicht annehmen zu müssen, ist es einfach, etwas oder jemandem die Schuld für einen Umstand zu geben. Doch auch das macht nicht glücklich, weil man damit die Verantwortung von sich nimmt. Einen Großteil seines Handlungsspielraums abzugeben führt tendenziell viel stärker ins Unglück als ins Glück.

Ich hatte das große Privileg, in den verschiedensten Ländern leben zu dürfen. Und natürlich gibt es in jedem Land gewisse Eigenheiten, die sich stark von denjenigen bei uns im deutschsprachigen Raum unterscheiden. Und egal ob im Süden von Europa, in Nordafrika oder in den USA: Ich wurde mit Schwierigkeiten konfrontiert. Doch jedes Mal, wenn ich es schaffte, diese zu akzeptieren, dann war ich auch mit mir im Frieden und hatte eine gute Zeit. Rückblickend war dies für mich wahrscheinlich der entscheidende Faktor, ob ich mich in einem Land wirklich wohlfühlte oder nicht. Denn was hätte ich auch anderes tun sollen? Mich gegen eine Staatsgrundlage oder gar gegen eine Kultur auflehnen? Und so merkte ich immer wieder, wie der innere Frieden durch die Akzeptanz gestärkt wurde und zur wirklichen Zufriedenheit führte.

Ein weiteres Beispiel, wie ich meine Akzeptanzfähigkeit immer wieder teste, ist die Reflexion über meine eigenen Grenzen. Was sind meine Fähigkeiten? In welchem Element fühle ich mich wohl und gelange am stärksten in meine Entfaltung? Und wo liegen meine Grenzen? Zu akzeptieren, dass es Grenzen gibt, erachte ich als einen äußerst gesunden Prozess. Natürlich ist es faszinierend, seine Grenzen auszuloten, um festzustellen, was alles möglich ist. Wirklich hart ist es dann, zu merken, wo das persönliche Limit liegt.

Ab einem gewissen Alter wird die physische Stärke nicht mehr besser. Ganz im Gegenteil: So ziemlich alles wird ein wenig langsamer und behäbiger. Selbstverständlich bedeutet das nicht, dass ich zu trainieren aufhöre. Aber an meine früheren Leistungen werde ich nicht mehr herankommen. Dem Versuch zu verfallen, mit externen Mitteln und Methoden diesen Prozess zu stoppen oder gar in eine andere, unnatürliche Richtung zu lenken, kann attraktiv sein, doch auch hier kann Akzeptanz helfen. Ist es wirklich erstrebenswert, den natürlichen Lauf des Lebens zu verändern? Da wir sowieso endlich sind, ergibt das in meiner Wahrnehmung wenig Sinn.

Zu guter Letzt gibt es wohl in jedem Leben Schicksalsschläge, die man schlicht und ergreifend nicht verstehen kann. Dinge, die das Vorstellbare weit überragen und für die es keine Erklärung gibt. Auch hier geht für mich die gesündeste Heilung über das wirkliche Annehmen von dem, was ist. Das ist wohl die härteste Form des Akzeptierens, weil das

Annehmen dann auch oft mit bedingungslosem «Loslassen» einhergeht.

Das Akzeptanz-Modell

Wie weiß ich nun, ob ich etwas akzeptieren soll oder nicht? Und wie trainiere ich die Fähigkeit, dass ich dann auch wirklich in die Akzeptanz komme? Für dieses Kapitel empfehle ich ein Modell mit einer einfachen Anwendung, das ich immer wieder als große Hilfe empfinde. Selbstverständlich gibt es noch viele weitere Möglichkeiten, wie die Fähigkeit des Akzeptierens trainiert werden kann. Auch auf diese Aspekte werde ich eingehen.

Mein Grundlagenmodell für die Akzeptanz kommt aus der Positiven Psychologie nach Martin Seligman. Das Modell beinhaltet im Kern vor allem zwei Fragen: Was ist veränderbar und was nicht? Bei jedem Problem oder jedem Umstand, der einen belastet, sollten diese Fragen gestellt werden.

Verschiedene Coachingsituationen haben aufgezeigt, dass der Mensch unglaublich viel Energie für Unveränderbares aufbringt. Vielleicht ist nicht immer eindeutig, was änderbar ist und was nicht, doch grundlegend haben wir ein gutes Gespür dafür.

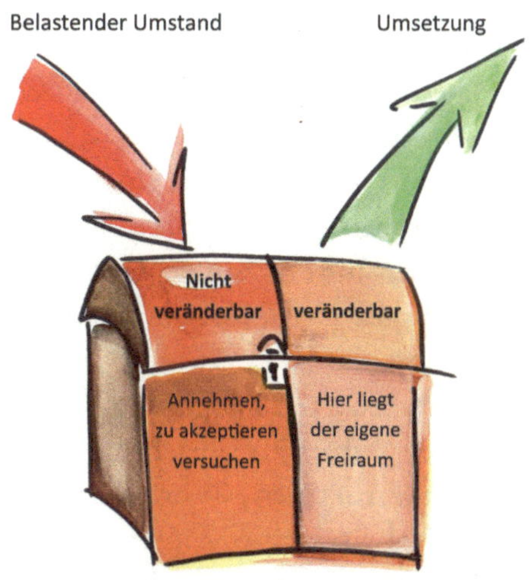

Die Empfehlung lautet, beim jeweiligen Umstand möglichst emotionslos alle Elemente aufzuschreiben, die als belastend empfunden werden. Als zweiten Schritt versucht man nun die Teilung vorzunehmen: Was davon ist veränderbar und was nicht? Wichtig: Andere Menschen gehören immer in den Bereich, der nicht veränderbar ist. Nun soll der Fokus ausschließlich auf die veränderbaren Elemente gelegt werden. Und alles, was objektiv als unveränderbar analysiert wurde, sollte man hingegen akzeptieren.

Tipp: Eine Schlussfolgerung könnte sein, dass man seine Einstellung, den Blickwinkel, die eigene Haltung ändern muss. Wichtig ist dabei, dass man sich für diesen Prozess Zeit nimmt. Denn sich selbst zu ändern, das ist, auch wenn es nur in kleinen Schritten passiert, tatsächlich möglich.

Eine altbekannte Formel hilft ebenfalls gern dabei, mir Orientierung zu geben: *Love it, change it or leave it.* Oder auf

Deutsch: Liebe es, verändere es oder lass es los. Hierzu ist die Ausgangsfrage auf den ersten Blick ebenfalls ziemlich simpel. Und gerade weil es so simpel erscheint, ist auch hier die Wirkung für mich sehr stark.

Ich möchte diese Formel anhand eines Beispiels erklären. Nehmen wir dafür den gegenwärtigen Job, den du gerade hast. Liebst du deinen Job? Wenn ja, dann kannst du an dieser Stelle dieses Beispiel überspringen. Wenn nein, dann lautet die Frage: Kannst du daran etwas verändern? Möglicherweise könntest du andere Tätigkeiten übernehmen oder andere Arbeitszeiten wählen? Vielleicht liegt es jedoch an der Abteilung oder den Strukturen? Worin liegt hier dein Handlungsspielraum? Und ein kleiner Tipp vorweg: Fragen kostet nichts. Aber klar, der Weg zur entscheidungsfähigen Person sollte strategisch clever geplant sein. Wenn man nichts an seinem Job verändern kann und man diesen wirklich nicht liebt, dann ist die Kündigung wahrscheinlich der beste Ausweg aus der Situation.

Ich habe vor Kurzem gelesen, dass in keinem Land in Europa so viel gearbeitet wird wie in der Schweiz. 42 Stunden und 24 Minuten war der Durchschnitt pro Woche. Wenn man dies nun auf ein ganzes Arbeitsleben hochrechnet, kommt man auf ca. 80 000 Stunden. Bei diesen Zahlen stellt sich doch unweigerlich die Frage, ob man so viel Zeit aufwenden möchte für etwas, das man nicht liebt.

Als ich einmal einen Professor fragte, was der Maßstab für das Leben sei, gab er mir die Antwort: «Die Zeit.» Er sagte dies, weil wir endliche Lebewesen sind und die «Zeit» daher der einzige vernünftige Maßstab sein kann. Letztendlich ist sie alles, was wir haben. Seine Aussage hat mich damals verstärkt zur Einsicht gebracht, dass ich, wann immer möglich, Dinge tue, die ich wirklich liebe. Selbstverständlich bedingt dies auch, die jeweiligen Konsequenzen zu berücksichtigen.

Ich werde einen Marathon nie lieben können, wenn ich nicht davor viel Zeit in das Training investiert habe. Wenn ich jedoch grundlegend gerne jogge, dann ist es nicht schlimm, auch wenn es nicht immer Spaß macht, am frühen Morgen bei strömendem Regen rauszugehen, obwohl man noch eine Stunde länger im warmen Bett liegen bleiben könnte.

Anwendung im Alltag

Ich durfte bis heute Hunderte Personen coachen und in ihren Fragestellungen begleiten. Bei den Übungen zur Akzeptanz ist mir jedoch immer wieder aufgefallen, dass sich viele Menschen über ihre Gedanken nicht im Klaren sind. Es ist elementar, dass man seinen Gedanken auf den Grund geht. Denn schlussendlich beeinflussen diese maßgeblich, ob ich überhaupt in die Haltung der Akzeptanz kommen kann.

Doch weshalb ist es wichtig, dass wir uns über unsere Gedanken Gedanken machen? Weil unsere Emotionen und unser Verhalten zu einem Großteil von unseren Gedanken gesteuert werden. Dabei können wir jedoch unbewusst immer wieder in Glaubenssätze, Muster und Gedanken-/Denkfallen tappen.

- **Gedanken-/Denkfallen:** Aus der Lehre der Positiven Psychologie werden fünf verschiedene Gedanken- und Denkfallen benannt. Diese können nicht nur die Haltung der Akzeptanz verhindern, sondern auch den Optimismus, die Motivation und allgemein den Zugang zu einem erfüllten Leben.
- **Die Falle des Gedankenlesens:** Bei dieser Falle hat man das subtile Gefühl zu wissen, was eine andere Person über einen denkt. Oder man erwartet, dass die andere Person weiß/fühlt, was man selbst denkt. Oftmals sind diese Gedanken negativ gefärbt. Die Falle ist, dass man bei ebendieser Person nicht mehr nachfragt, wie es wirklich ist, son-

dern sich auf seine vorgefärbte Einschätzung verlässt, wobei diese völlig falsch sein kann. Hierbei begibt man sich schnell in einen negativen Strudel. Diese Gedanken-/Denkfalle hat oftmals eine sehr negative Auswirkung auf Beziehungen.

- **Die Ich-Falle:** In die «Ich-Falle» tappt man, wenn man das Gefühl hat, dass man selbst die (alleinige) Ursache für ein Problem oder den negativen Umstand ist. Oder auch, wenn man von sich selbst enttäuscht ist und sich dadurch herunterzieht. Es entsteht das Gefühl, nicht zu genügen. Diese Gedanken-/Denkfalle hat oftmals die Auswirkung, dass man sich zurückzieht und den Austausch mit Menschen möglichst reduziert.
- **Die Falle der Anderen:** Die «Falle der Anderen» gibt einem das Gefühl, dass der Umstand, in dem man sich befindet, wegen äußerer Einflüsse (Menschen) so negativ ist. Meist macht man in diesem Fall einen oder mehrere Menschen für seine Situation verantwortlich. Die Einstellung lautet: Weil mir andere schlecht gesinnt sind, bin ich nun in dieser negativen Situation.
- **Die Falle der Katastrophisierung:** Die «Falle der Katastrophisierung» bedeutet, dass man durch etwas getriggert wird und dann beginnt, sich irrationalerweise ausschließlich mit dieser Sache zu beschäftigen. Dabei zieht man sich selbst immer tiefer runter und die Situation verschlechtert/vergrößert sich zunehmend. Dieses Verhalten hindert einen daran, in ein konstruktives Tun zu kommen; man befindet sich in einer irrationalen Dysbalance. Durch das Hineinsteigern in die Situation verringert man seine Ressourcen, um aus solch einer Situation wieder herauszukommen. Ein typisches Merkmal der Katastrophisierung ist, dass die innere Angst immer stärker wird.

- **Die Falle der Hilflosigkeit:** Die «Falle der Hilflosigkeit» veranlasst, dass alle Bereiche des Lebens negativiert werden, sobald nur eine einzige Sache schiefgegangen ist. Man bekommt das Gefühl, dass nun alles immer schlechter wird und sich diese Situation nicht mehr verbessern lässt. Man fühlt sich dem Leben ausgesetzt, als hätte man keinen Einfluss mehr darauf. Hilflosigkeit führt verstärkt zur eigenbestimmten Isolation und ist ein möglicher Türöffner in eine Depression.

Umgang mit Gedanken-/Denkfallen: Diese fünf Gedanken-/Denkfallen sind mir in meinen Coachingjahren oft begegnet. Auch bei mir selbst habe ich gewisse Ansätze immer wieder festgestellt. Um diesen entgegenzuwirken, gibt es verschiedene Möglichkeiten, mit denen ich gute Erfolge erzielen konnte.

Eine von der UPenn (University of Pennsylvania) entwickelte Methode ist die Realtime-Resilienz. Ziel dieser Methode ist, umgehend einzugreifen, wenn sich eine Gedanken-/Denkfalle anbahnt. Hierfür ist es unabdingbar, die eigenen Gedanken laufend achtsam zu reflektieren. Die Realtime-Resilienz-Methode umfasst drei verschiedene Techniken. Für alle drei Techniken benötigt es jeweils einen «Startsatz», mit dem wir dann unsere Gedanken- und Denkfallen angehen.

Die erste Technik in dieser Methode ist das **faktenbasierte Beweisen.** Dabei sammeln wir realistische Daten und Beweise und wenden diese gegen unsere Gedanken-/Denkfallen an. Das Sammeln der Daten geschieht natürlich immer präventiv. Sobald man merkt, dass man in eine der fünf Gedanken-/Denkfallen geraten ist, beginnt man mit dem Startsatz: «Das ist nicht wahr, weil ...», gefolgt vom faktenbasierten Beweis.

Die zweite Technik ist die **Neurahmung (Reframe).** Bei dieser Technik nutzen wir konkreten Optimismus gegen unsere Gedanken-/Denkfallen. Der Startsatz lautet: «Eine für mich hilfreichere Betrachtungsweise wäre ...», gefolgt von der neuen Rahmung durch einen absichtlich stark motivierenden Gedanken. Dabei sucht man nach einem positiven Aspekt der Situation und fokussiert sich darauf.

Die dritte Technik ist die **Direktplanung.** Bei dieser Technik gehen wir die Gedanken-/Denkfalle konstruktiv und direkt an. Der Startsatz ist: «Wenn dies wirklich zutrifft, dann mache ich ...», gefolgt von einem konkreten Beispiel, wie mit der Situation umgegangen werden könnte.

Training mit den drei Techniken: Ein mögliches Training ist, dass man sich einen Umstand herauspickt und dann jede der fünf Gedanken-/Denkfallen mit den drei Techniken durchspielt. Diese Übung kann die Selbsterkenntnis steigern und Muster aufdecken. Zudem sollte der Fokus auf die Frage gelegt werden, welche der drei Techniken einem schlussendlich am meisten zusagt. Damit diese irgendwann intuitiv angewandt werden kann, sollte sie möglichst oft trainiert werden.

Die Techniken sind übrigens nicht nur im akuten Fall anwendbar, sondern können auch präventiv genutzt werden. Wenn ich z. B. weiß, dass ich kommende Woche einen wichtigen Termin habe, und mir diesbezüglich destruktive Gedanken kommen, dann kann ich mich bereits im Vorfeld auf diese Weise konstruktiv damit auseinandersetzen.

Tipp: Diese Techniken kann man tatsächlich selbst trainieren und anwenden. Dennoch kann auch hier eine professionelle Unterstützung einen großen Mehrwert haben. Zusammen mit einem Coach können die Denk-/Gedankenfallen anvisiert und gemeinsam reflektiert werden.

«Where Blues Gave Birth to Rock and Roll»

«Es tut mir leid, das ist das einzige freie Zimmer», waren seine unheilvollen Worte. «He, Jungs, seht es positiv! Wer kann schon von sich behaupten, dass man in dem Zimmer übernachtet hat, wo die einzig wahre Königin des Blues gestorben ist?»

Das Riverside Hotel in Clarksdale, Mississippi war früher das «G.T. Thomas Afro-American Hospital» gewesen. Und genau in diesem Zimmer, das uns der Hotelbesitzer nun angeboten hatte, war die Sängerin Bessie Smith 1937 – laut Patricks Erzählung – verblutet.

«Ihr müsst ja auch nicht alles glauben, was geschrieben und erzählt wird; von wegen es gäbe Zombies in diesem Hotel und dass jede Nacht der Geist von Bessie erwachen würde. So ein Blödsinn!», lachte Patrick. Ich sah in seinen leuchtenden Augen, dass er dies alles ziemlich lustig fand und sich offensichtlich überhaupt nicht daran störte. Meine Gefühlslage war eine ganz andere. Ich empfand bereits den Ort ziemlich einschüchternd. Dieses Hotel hatte etwas Gespenstisches an sich. Und nun auch noch dieses Zimmer! Ich konnte mir einen tiefen Seufzer nicht verkneifen. «Na ja, wenn du meinst, dann nehmen wir das Zimmer für eine Nacht», kam es wohl ziemlich zögerlich aus mir heraus.

Zwei Wochen zuvor saßen wir voller Vorfreude im New Orleans Café an der Ecke Bourbon und Frenchman Street und unterhielten uns über die Orte, an denen unsere Lieblingsmusikstile ihre jeweiligen Geburtsstunden hatten.

Wir merkten schnell, dass wir innerhalb von zwei Wochen nicht alles besuchen konnten, was es zu sehen gab. Klar war, dass wir uns ein paar Ziele setzen wollten. In New Orleans den Jazz entdecken, im Mississippi-Delta den Blues und in Memphis den Rock and Roll und den Soul. Eine Fahrt auf einem Mississippi-Dampfer und dazu *Proud Mary* von John Fogerty hören – oder noch lieber in der Version von Tina Turner. In einem Juke Joint auf der Bühne stehen und in Memphis das ehrwürdige Sun Studio besuchen, in welchem Elvis und Johnny Cash ihre Songs aufnahmen. Zudem die Gibson Fabrik und natürlich Graceland besichtigen. Wir wollten einfach die Musik spüren, die in dieser Gegend ihren Ursprung hatte.

Patrick kenne ich seit der Berufsschule und seither sind wir auch beste Freunde. Es verwunderte mich daher nicht, als er sich gleich am ersten Tag in New Orleans eine wunderschöne Gibson-Gitarre kaufte, die fortan zu jeder möglichen und unmöglichen Situation hervorgeholt wurde.

Die vierzehn Tage vergingen fast wie im Flug. Bis zu jener Nacht, die ich mit Sicherheit nie mehr vergessen werde.

Clarksdale, etwa 120 Kilometer südlich von Memphis gelegen, gilt als die Heimat des Blues. Aus Clarksdale und Umgebung kommen bekannte Musiker wie John Lee Hooker, Muddy Waters, Ike Turner und Sam Cooke. Robert Johnson, der als Vater des Blues bezeichnet wird, soll in Clarksdale seine Seele an den Teufel verkauft haben, um den wahren Blues spielen zu können. Auf alle Fälle hat er es so in seinem Song *Crossroads* beschrieben. Daher war es für uns klar, dass wir an diesem Ort übernachten mussten. Und genauso klar war es, dass es im Riverside Hotel sein musste. Über dem Eingang steht in großen Lettern: Where Blues Gave Birth to Rock and Roll.

Auch dazu hatte der Hotelbesitzer die passende Geschichte parat: Ike Turner hatte über längere Zeit im Hotel gelebt und zusammen mit Jackie Brenston den Song *Rocket 88* geschrieben. Dieser Song aus dem Jahr 1951 gilt für viele Musikkenner als der erste wahre Hit des Rock and Roll. Deshalb auch die Verewigung über der Eingangstür.

Als wir zusammen auf der Veranda saßen, erzählte uns der Hotelbesitzer die unglaublichsten Geschichten über namhafte Musiker und wie diese ihre Inspiration an diesem Ort, in diesem Hotel gefunden hatten.

Zudem berichtete er uns, dass der berühmte Schauspieler Morgan Freeman hier lebte und ihm der Juke Joint namens *Ground Zero* am Ende der Straße gehörte. Natürlich mussten wir dorthin. Es war ja auch eines unserer Ziele, dass wir auf der Bühne eines Juke Joints singen würden. Und weil wir dies bisher noch nicht geschafft hatten, begriffen wir es als einmalige Gelegenheit.

Ja, so muss eine Bar aussehen, damit Blues entstehen kann. Dunkel, bedrückend und leicht schmuddelig, so war mein erster Eindruck. Und da war sie: die Bühne samt Mikrofon und elektrischer Gibson. Wow, hier konnte jeder Gast einfach auf die Bühne, die Gibson umhängen und spielen! Wir ließen uns nicht zweimal bitten, als uns der Barmann aufforderte, ein Stück zu spielen, bevor es etwas zu trinken geben würde. Und nun stand ich da, checkte das Mikrofon und spielte vorsichtig zwei, drei Akkorde. Puh ... Auch, wenn nicht allzu viele Gäste da waren: Ich stand in Clarksdale im Juke Joint von Morgan Freeman auf der Bühne, spürte ein leichtes Zucken in meinen Beinen ... und dann traute ich mich und verfiel in ein Gefühl wie in einem Traum. Ich hatte einfach eine große Freude daran, frei spielen zu können. Auch Patrick gab sich die Ehre und spielte gleich nach mir ein Stück. Es blieb dann allerdings bei je einem Ständchen von uns beiden, denn es gab ein paar Jungs, die so viel besser spielten und sangen als wir, dass wir uns eingestehen mussten, dass diese Bühne denen gehörte, die ihr Handwerk wirklich beherrschten.

Der Geist
Wir schwatzten und lachten, als wir die Straße hoch zum Riverside Hotel liefen. Doch wich meine Freude zunehmend einem eigentümlich bedrückenden Gefühl, je näher wir dem Hotel kamen. Wir hatten den Schlüssel für den Seiteneingang bekommen und liefen nun durch die Eingangslobby zu unserem Zimmer.

Unsere Waschgelegenheiten und Toiletten lagen auf dem Gang, was mich normalerweise überhaupt nicht störte. Doch in jener Nacht entpuppte sich dies als wenig förderlich für mein Nervenkostüm.

Ich schaute auf meine Uhr, als mich ein lautes Knarren aus dem Schlaf riss. Halb drei war es, und mit einem Schlag war ich hellwach. Patrick schlief auf der anderen Seite des Zimmers; offenbar sehr tief. Ich musste dringend auf die Toilette, doch irgendwie hielt mich ein eigenartiges Gefühl zurück. Und schon wieder knarrte es vor unserer Zimmertür. Ach du Schreck, genau hier, wo ich jetzt liege, ist Bessie Smith verblutet. Ich konnte die Bilder nicht mehr aus meinem Kopf bekommen; mit jedem Atemzug wurden sie intensiver und klarer. Ich versuchte, mir gut zuzureden, dass all dies nur Hirngespinste waren.

Und dann geschah etwas, was ich nie mehr vergessen werde: Die Tür öffnete sich. Ohne fremde Einwirkung öffnete sich unsere Zimmertür! Ach Gott, dachte ich mir und saß nun mit weit aufgerissenen Augen auf meinem Bett. Nun hatte ich richtig Bammel und ich spürte, wie mir der Schweiß in die Augen lief.

« Patrick, wach auf », zischte es aus mir heraus. « Patrick, verdammt, da kommt jemand in unser Zimmer ! »

« Was ist los ... Wie spät ist es ? », kam es von ihm zurück.

« Da ist etwas auf dem Gang und hat unsere Tür geöffnet », entgegnete ich nun energischer.

Er stand wortlos auf und ging zur Tür. Wie versteinert blieb ich auf meinem Bett sitzen und sah die Umrisse von Patrick auf dem Gang. « Da ist nichts und niemand », flüsterte er. « Mach dir mal keine Gedanken. Und wenn du mich fragst: Es gibt keine Geister – basta », kam es nun etwas lauter von ihm.

« Sorry, dass ich dich geweckt habe », entgegnete ich.

Er schlüpfte zurück ins Bett und schlief unüberhörbar gleich wieder ein. « Mann, so einen Schlaf möchte ich auch einmal haben », dachte ich mir.

Ich konnte nicht schlafen und der Druck, auf die Toilette zu müssen, nahm immer weiter zu. Irgendwann fasste ich all meinen Mut, stand auf und lief den Gang hinunter.

Es war eine windige Nacht und der helle Mondschein ließ das Schattenspiel der Baumkronen an den Wänden des Gangs tanzen. Und obwohl ich versuchte, mich auf Zehenspitzen so leicht wie möglich zu machen, knarrte der Boden bei jedem Schritt derart fürchterlich, dass mir der Atem stockte. Ich stand kurz still, aber es war nichts zu hören, oder doch, da war irgendetwas. Und wieder lief mir der Schweiß in die Augen. Ich wollte meinen Toilettengang so schnell wie möglich hinter mich bringen, doch wurde es der längste meines Lebens. Ich hatte nur ein Ziel: rasch zurück ins Zimmer! Nur Patrick schaffte es, eine Stütze für mich zu sein. Erneut auf Zehenspitzen ging ich den Gang so leise wie möglich zurück.

Und da war es wieder: Mich beschlich das Gefühl, etwas berühre meine Schulter. Eiskalt lief es mir den Rücken hinunter; mitten auf dem Gang konnte ich mich nicht mehr bewegen. Ich wollte losrennen, doch wie angewurzelt blieb ich stehen. Mein Atem wurde immer schneller. Ich wollte schreien, doch kam kein Laut aus meiner Kehle.

Und plötzlich wurde der Schatten an der Wand größer und das Knarren des Fußbodens lauter. Ich war wie gelähmt, selbst meinen Mund konnte ich nicht mehr schließen.

«He, Serge, was machst du denn da? Du stehst da regungslos einfach auf dem Gang herum. Was ist denn los mit dir?», zischte mich Patrick von hinten an.

«Could you be damn quiet and do your talking in your room and not in the corridor!», schrie nun jemand aus dem Zimmer vorne rechts, woraufhin aus zwei weiteren Zimmern heftige Flüche ertönten. Herrje, ich hatte das ganze Hotel geweckt ...

Ich war froh, als ich noch ausgiebig mit Patrick in unserem Zimmer über dieses Erlebnis sprechen konnte. Am frühen Morgen, ohne Frühstück, checkten wir auf mein Drängen hin aus und machten uns so schnell wie möglich auf den Weg nach Memphis.

Gibt es Geister? Vor dieser Nacht hätte ich mich wohl entschieden dagegen ausgesprochen ... Vielleicht ist es gesund, wenn ich einfach akzeptiere, dass ich nicht alles verstehen muss. Wer weiß, vielleicht hat Bessie Smith tatsächlich all diese großartigen Musiker mit ihrem Geist inspiriert und deshalb ist genau hier so vieles entstanden, was noch heute den Blues, den Soul und den Rock and Roll so wunderbar macht?

V
U
K
A

VUKA

Wie du eine VUKA-Welt bewältigst

Wir leben wohl in einer der ereignisreichsten Zeiten der Geschichte. Denn haben jemals so viele Veränderungen in so kurzer Zeit stattgefunden? Dieses Tempo kann auf der einen Seite wunderbare Möglichkeiten hervorrufen, doch auf der anderen Seite stark verunsichern. Vor allem die aktuellen Herausforderungen, die offensichtlich immer wiederkehrenden Pandemiewellen, die Kriege, die zunehmende Armut, die Energieknappheit und die Klimaveränderung, dämpfen bei vielen Menschen den Optimismus.

Wie kann ich in dieser komplexen Welt Orientierung finden? Was könnte mir eine Einordnung all dieser Informationen und Ereignisse ermöglichen? Eine Antwort könnte VUKA geben, da VUKA die Charakteristik unserer Zeit beschreibt. Der Begriff VUKA beziehungsweise VUKA-Welt hört sich wahrscheinlich etwas eigenartig an, wenn man ihn zum ersten Mal hört. Doch sind wir wohl alle in irgendeiner Form von ihm betroffen, denn VUKA ist ein Akronym, das sich aus den Anfangsbuchstaben der Worte **V**olatilität, **U**nsicherheit, **K**omplexität und **A**mbivalenz/**A**mbiguität zusammensetzt. Diese Begriffe beschreiben in erster Linie die Situation in unserer Arbeitswelt. Doch werden sie immer mehr auch im Zusammenhang mit unseren Lebensumständen verwendet.

In diesem Kapitel möchte ich neben der Erläuterung der Grundlagen der VUKA-Welt den Fokus auf die Frage richten, wie man das Modell für sich zur Orientierung nutzen kann. Dabei sehe ich die vier Bereiche nicht isoliert, sondern vielmehr ineinanderfließend an.

Woher kommt VUKA?

Amerikanische Organisationswissenschaftler haben den Begriff VUCA (volatility – uncertainty – complexity – ambiguity) Ende der Achtzigerjahre erstmals in ihren Überlegungen zu Führungstheorien in der Arbeitswelt verwendet. Eine amerikanische Militärakademie griff den Begriff auf, um die Ist-Situation der Welt im politischen und militärischen Sinne nach dem Kalten Krieg zu beschreiben. Seit Beginn des einundzwanzigsten Jahrhunderts findet VUCA, auf Deutsch VUKA, zunehmend Verwendung in wirtschaftlichen Zusammenhängen, vor allem, wenn es um Fragestellungen zur Veränderung, Entwicklung und Führung in Organisationen geht.

Hinter dem Begriff VUKA-Welt steckt die Erkenntnis, dass die moderne Welt von den folgenden vier Phänomenen geprägt ist:

- **Volatilität:** Volatilität ist ein ursprünglich aus der Physik stammender Ausdruck, der mit dem Begriff «Schwankung» oder «Unbeständigkeit» beschrieben werden kann. Damit sind in der Wirtschaft beispielsweise sich verändernde Preise und Zinssätze gemeint. Veränderungen wie Kursschwankungen treten überraschend schnell auf und können somit nicht vorhergesehen werden. Das Lineare, Vorhersehbare im Sinne einer gut nachvollziehbaren Entwicklung, wie wir es noch aus dem vergangenen Jahrhundert kennen, ist nun viel seltener die Norm. Volatilität bedeutet, dass es schwieriger wird, seine berufliche Laufbahn zu planen und weiterzuentwickeln. Es heißt, man lerne ein Leben lang, doch auf welche Karte soll man setzen? Dass jede zertifizierte Weiterbildung automatisch zu einer neuen Arbeitsstelle führt oder eine Gehaltserhöhung mit sich bringt, gehört längst der Vergangenheit an. Ist mein Beruf auch noch morgen gefragt? Wie kann und soll ich mich auf dem Arbeitsmarkt positionieren? Gibt es meinen Arbeitgeber in zwei Jahren überhaupt noch?

- **Unsicherheit:** Wir leben in einer Zeit, die verstärkt durch Unsicherheit geprägt ist. Regeln, Gesetzmäßigkeiten und Überzeugungen, die einmal galten, sind plötzlich veraltet. Immer wieder zeigt sich, dass keine Prognosen gemacht werden können. Die mangelnde Vorhersehbarkeit führt zu Ungewissheit und Unsicherheit. Kunden oder ganze Märkte können wegbrechen, ohne dass sich dies vorher abgezeichnet hätte. Auch schwindet das Verbindliche, wodurch man nicht mehr wissen kann, ob das, was heute gilt, auch morgen noch so ist. Die Pandemie ist vielleicht ein besonderer Ausdruck dieser Unsicherheit. Im persönlichen Kontext könnte dies zu finanziellen Schwankungen als Folge der zuvor beschriebenen Volatilität führen, weil wir grundlegend immer stärker den unsicheren Marktentwicklungen ausgesetzt sind. Auch die Pandemie steigerte die Sorge über eine finanziell gesicherte Zukunft. Wenn die finanzielle Sicherheit der Bevölkerung zunehmend wegbricht, dann wird meist nach einem Schuldigen gesucht. Dies kann dazu führen, dass die jeweiligen Landesregierungen verstärkt in die Kritik geraten und das Vertrauen in ebenjene schwindet, wodurch die Unsicherheit nur noch mehr gesteigert wird. Die Gefahr besteht, dass aufgrund dieser Unsicherheit vermehrt populistische Parteien gewählt werden und diese dadurch Aufwind bekommen.
- **Komplexität:** Aufgrund der rasanten digitalen Transformation und der Globalisierung werden Prozesse immer anspruchsvoller. Es gibt keine simplen Ursache-Wirkung-Verhältnisse mehr. Stattdessen ist vieles miteinander vernetzt, womit es vielschichtiger und undurchschaubar erscheint. Es reicht daher nicht, Entwicklungen nur von einer Seite aus zu betrachten, vielmehr müssen mehrere Perspektiven ein-

genommen werden. Die Erkenntnis, dass komplexe Systeme «unverständlich» sind und wir nur tendenziell mit kurzen Rückkopplungsschleifen handeln können, ist elementar. Im persönlichen Kontext könnte man feststellen, dass sich Missverständnisse in der Kommunikation häufen. Wenn wir immer mehr Informationen ausgesetzt sind, dann wird auch die Kommunikation immer anspruchsvoller. So kann diese zum komplexen System werden, das wir als unergründlich und unvorhersehbar empfinden und dem wir mit besonders sorgsamer Kommunikation entgegenwirken müssen, um Missverständnisse und daraus resultierende Vertrauensverluste zu umgehen.

- **Ambiguität:** Nichts ist mehr so, wie es scheint. Einfache Erklärungen greifen nicht, da sich Sachverhalte mehrdeutig darstellen. Teilweise muss mit Widersprüchen und Paradoxien gerechnet werden. Somit gibt es keine eindeutigen Lösungen für bestehende Probleme. Auch die Frage nach der «Wahrheit» wird immer mehrdeutiger und somit undurchsichtiger. Diese Mehrdeutigkeit gestattet vielen Menschen, die Welt auf ihre Weise zu sehen und nach ihren Ideen leben zu können, wodurch auch zunehmend (krude) Ideologien gebildet werden. Ideologien bieten Menschen eine Orientierung, und je stärker und radikaler diese Ideologien werden, desto klarer wird auch die Orientierung. Die Gefahr, dass dadurch Beziehungen, Freundschaften oder sogar Familien auseinandergerissen werden, ist leider sehr groß.

Ursachen für die VUKA-Welt

Die aktuellen UNO-Berichte über den Zustand und die Entwicklung der Erde zeigen auf, wie komplex, schnell, unsicher und unvorhersehbar so viele Bereiche unseres Lebens geworden sind und dass diese Tendenzen weiter steigen.[3] Dabei haben Gegebenheiten wie die Pandemie und der Ukraine-Krieg dieses Empfinden wohl nochmals verstärkt. Doch was sind die Treiber für diese VUKA-Welt? Was sind die Ursachen für das heftige Ausmaß der VUKA-Gefühle? Vier Gründe, die sich auch in den aktuellen UNO-Berichten finden lassen, sind folgende:

- Urbanisierung,
- Demografie,
- Klimawandel,
- die vierte industrielle Revolution.

In vielen Berichten wird beschrieben, dass diese zukunftsformenden Kräfte exponentiell verlaufen und sich nicht mehr aufhalten lassen.

- **Urbanisierung:** Seit Jahrhunderten zieht es die Menschen vom Land in die Städte. 1950 waren wir 2,5 Milliarden Menschen. Heute sind wir bereits über 8 Milliarden. 2050 werden wir laut Prognose der UNO knapp 10 Milliarden sein. In dieser Prognose heißt es zudem, dass zwei Drittel der Menschen in Städten leben werden. Heute zählen wir auf der Welt 30 Megacitys mit jeweils mehr als 10 Millionen Einwohnern. Vier davon in Europa, zwei in den USA, fünf in Mittel- und Südamerika, drei in Afrika und der Rest in Asien. Zehn davon allein in China. Doch wie viele Einwohner tatsächlich in diesen Megacitys leben, kann niemand genau beziffern.
- **Demografie:** Das Altern der Bevölkerung ist einer der bedeutendsten Trends des 21. Jahrhunderts. Heute ist jeder

3 Siehe Bericht der UN aus dem Jahr 2022 über «Ziele für nachhaltige Entwicklung» auf http://www.un.org.

neunte Mensch über 60 Jahre alt. 2050 wird jeder fünfte Mensch über 60 Jahre alt sein. In Zentraleuropa ist dieser Trend noch stärker ausgeprägt, was zusätzliche Herausforderungen mit sich bringen wird. Beispielsweise dass die Gesundheitskosten steigen, die Anzahl der Menschen im Arbeitsprozess sinkt und das Steuersubstrat kleiner wird.

- **Klimawandel**: Ein Wandel, den wir momentan stärker denn je spüren. Es wird immer wärmer. Bei uns in der Schweiz lässt sich dies insbesondere an den schrumpfenden Gletschern beobachten. Die Natur zeigt uns auf der ganzen Welt, dass wir besser mit unseren Ressourcen umgehen müssen. Der ehemalige US-Präsident Barack Obama hatte es bereits 2014 auf den Punkt gebracht: «Wir sind die erste Generation, die die Folgen des Klimawandels spürt, und wir sind die letzte, die etwas dagegen tun kann.»[4] Warme Luft trägt mehr Feuchtigkeit in sich, was zu mehr Unwettern führt. Gleichzeitig breiten sich Dürregebiete aus. Die Folgen sind Kämpfe um Ressourcen und Migrationsströme. Gemäß UNO-Flüchtlingshilfe waren Mitte 2022 weltweit über 100 Millionen Menschen auf der Flucht, mehr als je zuvor. Die Zahl aus 2010 hat sich innerhalb von zehn Jahren mehr als verdoppelt. Die Folgen des Klimawandels gehören hierbei zu den wichtigsten Ursachen. Die UNO-Flüchtlingshilfe geht davon aus, dass bis 2070 zwischen 250 Millionen und einer Milliarde Menschen ihre Heimat verlassen müssen. Das sind jedes Jahr mindestens 6 Millionen neue Vertriebene.
- **Die vierte industrielle Revolution**: Der technische Fortschritt in der heutigen Zeit ist rasant. Dabei ist die künstli-

4 Siehe Bericht zur Rede von Barack Obama auf der Website des *Tagesspiegels*, URL: https://www.tagesspiegel.de/politik/wir-sind-die-letzte-generation-die-etwas-gegen-den-klimawandel-tun-kann-4423192.html (Stand: 05.05.2023).

che Intelligenz ein großes Thema. Viele Arbeiten werden zunehmend von Computern und Robotern übernommen. Unsere Telefone werden immer smarter und es gibt bereits Autos, die selbst fahren können. Mehr noch: Die künstliche Intelligenz kann aufzeigen, wie sich beispielsweise Verkehrs- oder Warenströme unter gewissen Voraussetzungen entwickeln. Die künstliche Intelligenz schafft es heute, Fotos nach Krebsanzeichen zu durchsuchen. Genauso kann diese den Ausfall von Maschinen oder Systemen voraussagen. Das heißt allerdings auch, dass wir von künstlicher Intelligenz immer abhängiger werden. Die Abhängigkeiten reichen vom wirtschaftlichen Erfolg eines Unternehmens bis hin zum immer höher werdenden Energie- bzw. Stromverbrauch. Gleichzeitig rationalisiert die künstliche Intelligenz zunehmend Arbeitsplätze weg.

Das VUKA-Modell

Wenn man das alles liest, dann kann einem wohl ziemlich schwindlig werden. Doch welche Möglichkeiten könnte es geben, damit wir uns in dieser VUKA-Welt behaupten können? Im für mich anschaulichsten Modell gibt sich VUKA gleich selbst die Antwort:

Anwendung im Alltag

Jede unsichere Situation bietet auch immer Möglichkeiten. Eine dieser Möglichkeiten besteht im Sinne der Polarität in der Umkehrung der Begrifflichkeiten. Das Akronym steht nun für: **V**ision, **U**naufgeregtheit, **K**larheit, **A**gilität. Dieses Akronym wurde primär für die Arbeitswelt geschaffen, doch kann es auch gut für die persönliche Orientierung genutzt werden. Die Anwendung von VUKA basiert somit auf diesen vier neuen Bereichen.

Vision: Es wird empfohlen, der **Volatilität** mit einer **Vision** zu begegnen. Doch wie könnte das aussehen? Eine Möglichkeit ist, dass man den Wandel als konstantes, unvorhersehbares Merkmal des eigenen Lebens annimmt. Denn wenn man den Wandel akzeptiert, wirkt er nicht mehr so bedrohlich. Hierzu gibt es wunderbare Metaphern wie: «Du kannst die Wellen nicht aufhalten, aber du kannst lernen, auf ihnen zu surfen.» Das bedeutet, dass man diesen unbeständigen Wandel nicht bekämpfen soll, denn gegen ihn kann man sich genauso wenig wehren wie gegen eine Welle. Man sollte sich bemühen, seinen Weitblick zu trainieren und auszubauen.

Wenn man in diese akzeptierende Haltung kommt, wird es einfacher, den Mut aufzubringen, Visionen für sich aufzubauen. Visionen können dabei wirklich groß gedacht werden. Dann ist es vielleicht nicht mehr nur die nächste Weiterbildung, die dir in den Kopf kommt. Visionen dürfen sehr viel weiter gehen. Versuch deine Gedanken so zu öffnen, als gäbe es keine Grenzen. Diese visionäre Haltung wird dich auf neue Ideen bringen. Natürlich können dann schnell gewisse Zweifel aufkommen. In dem Fall kannst du dir jeweils zwei Fragen stellen: Was wäre das Schlimmste, was passieren könnte, wenn du dich entschließen würdest, dieser Vision zu folgen? Und auf der anderen Seite: Was wäre das Beste, was daraus resultieren könnte? Klar, in den meisten Fällen liegt die Wahrheit dann wohl irgendwo dazwischen.

Ich höre immer wieder, dass man tendenziell zu selten mutig ist und im Nachhinein bereut, einer Vision nicht gefolgt zu sein. Sich auf die Wellen zu begeben und als Visionär zu agieren erfordert Wachheit. Man muss sich bemühen, flexibel zu bleiben, denn das Unbeständige wird mit größter Wahrscheinlichkeit ein Teil unseres Lebens bleiben. Es zählt daher der Umgang mit der Volatilität – nicht deren Vermeidung.

Tipp: MBSR ist ein Training, das die Wachheit im Sinne der Achtsamkeit trainiert. Für mich ist dieses Training die wichtigste Basis, um Visionen entwickeln zu können. Die Achtsamkeitsbasierte Stressreduktion (Mindfulness-Based Stress Reduction, kurz MBSR) ist ein Programm zur Stressbewältigung durch die gezielte Lenkung der Aufmerksamkeit und durch die Entwicklung, Einübung und Stabilisierung erweiterter Achtsamkeit. MBSR wurde von dem Molekularbiologen Jon Kabat-Zinn in den späten 1970er-Jahren in den USA entwickelt. Ich habe das Programm absolviert und innerhalb von acht Wochen verschiedene Techniken kennengelernt, welche unter anderem meinen Umgang mit Stresssituationen verbessern. Sie helfen mir vor allem dabei, die Ruhe zu finden, die Dinge so anzunehmen, wie sie sind. Aus dieser Ruhe heraus empfinde ich gleichwohl das Akzeptieren der Situation wie auch das Entwickeln von Visionen einfacher. Das klassische MBSR-Programm hat eine breite Zustimmung gefunden, sowohl im privaten Umfeld wie auch in der Wirtschaft. Mittlerweile kann man viele Anbieter entdecken, die MBSR-Training professionell auf dem Markt anbieten.

Unaufgeregtheit: Im zweiten Bereich geht es darum, dass man der **Unsicherheit** mit **Unaufgeregtheit** begegnet. Meine Erkenntnis zu diesem Bereich kommt aus der Existenzanalyse. Dabei habe ich gelernt, dass Verständnis und Unaufgeregtheit vor allem auf drei Bereichen basieren. Dem Innehalten, der Beobachtung und dem Zuhören:

- *Innehalten:* Ähnlich wie mit der Volatilität bedingt auch die Unsicherheit eine sorgfältige Analyse. Damit man überhaupt in die Analyse kommen kann, benötigt es eine innere Ruhe, ein «Innehalten». Hierfür gönne ich mir ganz bewusst Auszeiten im Sinne von «Nichtstun». Sich gemütlich hinsetzen und Müßiggang betreiben, ohne festes Ziel spazieren gehen und dabei einfach sehen und horchen.

Durch das Innehalten ist die Wahrscheinlichkeit größer, dass man genügend Klarheit für die eigene Analyse erhält.

- *Beobachtung:* Die Fähigkeit, beobachten zu können, beherrschen wir alle. Doch auch diese Fähigkeit gilt es immer wieder zu aktivieren. Sorgfältiges Beobachten ist eine Grundlage für fundiertes Analysieren. Sie erleichtert es uns, Szenarien zu entwickeln, wie wir der Unsicherheit vermehrt mit Unaufgeregtheit begegnen können.
- *Zuhören:* Es wird wohl zunehmend wichtiger, dass wir sorgfältig zuhören. Denn wenn die Welt immer komplexer wird, dann ist es wohl für jeden Menschen verstärkt eine Herausforderung, die Fülle an Informationen zu ordnen. Doch genau darin liegt einer der großen Hebel für den eigenen Handlungsspielraum. Bewusst zuhören, wirklich verstehen wollen – das klingt im ersten Augenblick selbstverständlich, doch ist das gar nicht so einfach. Auch hier benötigt es eine laufende Reflexion und ein bewusstes Training, damit diese doch so wichtige Eigenschaft gelebt werden kann.

Tipp: Eine Möglichkeit, das Innehalten, das Beobachten und das Zuhören verstärkt ins Bewusstsein zu rücken, ist die Anwendung des «Pilgerschritts»: Man geht zwei Schritte vorwärts und bleibt stehen. Nach einem bewussten, tiefen Atemzug geht man einen Schritt zurück und bleibt erneut stehen, um durchzuatmen. Nun wiederholt man diese Schrittfolge ein paarmal. Man kommt dabei tatsächlich nur langsam voran, doch man kommt voran. Wie die meisten Übungen sollte auch diese mindestens zwanzig Minuten lang gemacht werden.

Klarheit: Komplexität benötigt als Antwort **Klarheit.** Klingt auf den ersten Blick wohl ziemlich logisch. Ist es wahrscheinlich auch. Doch benötigt es für mich einiges an Reflexion, um überhaupt Klarheit zu erlangen. Auch hier gibt es drei Möglichkeiten, wie wir Klarheit fördern können. Auf der einen Seite hilft eine sorgfältige *Kommunikation.* Dies ist oftmals die Basis. Dabei geht es in der Kommunikation gleichwohl um das geschriebene wie auch das gesprochene Wort. Große Hebelwirkungen zeigen ebenfalls die Berücksichtigung der *Polarität* wie auch eine verstärkte *Zusammenarbeit.*

In der *Polarität* geht es darum, Gegensätze zu finden. In Bezug auf die Komplexität könnte dies die Suche nach einer Konstanten sein. Was ist konstant im eigenen Leben? Was bleibt unumstößlich oder unveränderbar? Vor allem in unsicheren Zeiten kann das Festhalten an etwas Stabilem zu mehr Klarheit führen. Die Aufgabe, die man sich diesbezüglich stellen kann, ist daher offensichtlich: sich Konstanten auswählen, die zum Kontext passen, und diese stärken. Für mich bedeutet dies beispielsweise, dass ich meine Eltern jede Woche, meist freitagabends, zum selbst gekochten Abendessen einlade. Dabei sind für mich vor allem die Gespräche sehr wertvoll. In den Dialogen spüre ich eine hohe Wertschätzung, was mir wiederum Stabilität schenkt. Diese Konstanz, Woche für Woche, bedeutet für mich Unumstößlichkeit. Egal, was passiert: Wir halten zusammen.

Die dritte Möglichkeit, die Komplexität erfolgreich abzuschwächen, ist die *Zusammenarbeit.* Egal ob man es nun Schwarmintelligenz oder kollektive Intelligenz nennen möchte: Gruppen sind immer stärker als Einzelgänger. Kurze Gruppenworkshops eignen sich ausgezeichnet, um Komplexitäten zuerst zu analysieren und dann in ihre Einzelteile zu zerlegen. Doch auch auf privater Ebene kann man so vorgehen. Hierzu mein Tipp: Es gibt für ziemlich jede Fragestellung im Leben jemanden, den man um eine Beratung bitten kann. Ich finde es überaus sinnvoll, sich Hilfe zu holen. Egal ob auf professioneller Ebene oder selbstorganisiert unter Freunden. Versuch nicht, mit allem allein klarzukommen. Rede darüber, finde Gleichgesinnte und geh in den Austausch. Das fördert das Vertrauen – zu den Mitmenschen und vor allem auch zu dir selbst.

Da mich die zuvor beschriebenen UNO-Berichte schon lang belasteten, suchte ich irgendwann den Austausch. Ich landete im «Forum 21» meiner Wohngemeinde. In beinah jeder Gemeinde in der Schweiz kann man sich engagieren – etwa für den Klimaschutz oder für mehr soziale Gerechtigkeit. Natürlich beruhigt mein Engagement auch mein schlechtes Gewissen. Doch vor allem fühle ich mich dem Ganzen nicht einfach ausgeliefert, sondern ich werde aktiv, sodass sich auf Dauer etwas verändern kann.

Agilität: Ambiguität findet in **Agilität** den passenden Gegenspieler. Auch dieser vierte und letzte Teil des nun neuen Akronyms soll durch einen persönlichen Kontext erklärt werden. Agilität übersetze ich für mich am liebsten mit «Beweglichkeit». Beweglichkeit im Sinne einer geistigen Wachheit – in Kombination mit Kreativität. Wenn ich mich in dieser Agilität befinde, vereinfacht es die gleichzeitige Reflexion zweier Bereiche. Zum Beispiel kann ich darüber nachdenken, ob ich wirklich eine Meinung vertrete, die meinem persönlichen Menschen- und Weltbild entspricht, oder ob ich die Auffassungen meiner Mitmenschen annehmen sollte. Dabei darf und soll es Ideologien geben, die ich schlicht nicht akzeptieren möchte. In dem Fall geht es nicht darum, das Gegenüber von der eigenen Meinung zu überzeugen, sondern zuzuhören und zu versuchen, den anderen zu verstehen und vielleicht sogar von ihm zu lernen.

Ich glaube außerdem, dass es gesund ist, sich immer wieder bewusst zu machen, dass man nie alles wissen kann. Auch wenn man das Gefühl hat, genügend Informationen gesammelt zu haben, bleiben stets blinde Flecken übrig. Dies wiederum bedeutet für mich, dass ich mich darum bemühe, meine Recherche möglichst breit zu fächern. Agilität kann ich vor allem gut leben, wenn ich als Basis ein fundiertes und aktuelles Wissen besitze. Daher ist es elementar, dass ich weiter lerne und neugierig bleibe. Dass ich meine Meinungen immer wieder hinterfrage und diese den sich laufend verändernden Gegebenheiten anpasse. Die Gefahr ist, Thesen oder Modelle, die gut für mich funktionieren, als sakrosankt anzusehen. Daher mein Tipp: Recherchiere unaufhörlich und auf verschiedenen Ebenen! Fachbücher, Fachartikel und das Internet sollten dabei in einem ausgeglichenen Verhältnis genutzt werden. Es schadet zudem nicht, sich mit Meinungen und Thesen zu beschäftigen, die der eigenen Haltung widersprechen.

Eine mögliche Ausrede und meine Konklusion
Manche Menschen könnten versucht sein, VUCA als Ausrede für mangelndes Handeln, mangelnde Planung oder fehlende Orientierung zu nutzen. Doch es wäre der größte Fehler, nun den Kopf in den Sand zu stecken. Ja, es sind große Herausforderungen, denen wir uns tagtäglich stellen müssen. Und wenn man sich vertieft mit den UNO-Berichten befasst, dann ist es belastend. Doch was wäre denn die Alternative zum aktiven Angehen all dieser Herausforderungen? Ich glaube nicht, dass es eine gibt. Natürlich gibt es nebst meinem Erfahrungsbericht noch viel mehr Möglichkeiten, effektiv zu handeln. Doch schlussendlich geht es wohl immer darum, dass man sich mit der Realität befasst; dass man für seine Umwelt und für sich Strategien entwickelt, die sich konstruktiv mit den Herausforderungen befassen.

Zusammengefasst benötigt es wohl eine Fertigkeit, die in unserer VUKA-Welt immer wichtiger wird – das «Aushalten». Das, was ist, aushalten können. Ja, es sind massive Zumutungen, die wir alle tagtäglich aushalten müssen, und die Gefahr besteht, dass man in irgendeinen Bewegungsmechanismus gerät, der kopflos ist. Wir müssen uns den Dingen stellen, indem wir sie wahrhaftig annehmen. Doch wie kann ich es aushalten, dass Unvorhergesehenes passiert? Wie kann ich dies ohne Angst annehmen und in mein Leben integrieren? Ich habe in der Existenzanalyse gelernt, dass man genau hinschauen soll. Denn wenn ich wirklich sehe, was ist, und für mich prüfe, welche Bedeutung es für mich hat, dann kann ich in die jeweiligen Interventionen gehen. Oder wie Alfried Längle, Professor für Psychotherapie, mir mehrfach sagte: Der Mensch ist immer Gestalter seines Lebens und er ist Gestalter unter diesen Bedingungen. Wenn ich mich als Gestalter meines Lebens erkenne, dann kann ich auch die Sinnhaftigkeit erkennen.

VUKA in der «positiven Form» ist für mich eine Antwort auf diese Gestaltung und Sinnhaftigkeit; Visionen entwickeln und verstehen, Klarheit schaffen und agil bleiben. Kombiniert mit der Fertigkeit des «Aushaltens» und einer grundsätzlich positiven Einstellung: Das ist für mich eine der höchsten Formen der Selbstmotivation.

«Ein Hirntumor, der (fast) alles verändert»

Ich konnte sie am Telefon erst nicht richtig verstehen. Ihre Erklärungen wurden immer wieder durch starke Weinkrämpfe unterbrochen. «Ich habe einen Hirntumor», sagte sie immer wieder mit einer Stimme, in der ein ganzes Universum von Schmerz und Unverständnis mitzuschwingen schien. Ich versuchte ruhig zu bleiben, obwohl sich vor meinem geistigen Auge in Sekundenschnelle die wildesten Hirngespinste abspielten. «Was heißt das nun? Was wirst du tun?» war das Einzige, was ich sagen konnte. «Ich muss mit dem Taxi direkt in das Kantonsspital und sie werden wohl sofort operieren.»

Stille.

Gute zehn Sekunden lang konnten weder sie noch ich etwas sagen ... Ich spürte meinen Herzschlag im ganzen Körper und nahm wahr, wie mein Ohrendruck, der mich nun schon zwei Jahre plagte, wieder zu schmerzen begann.

«Du musst unseren Sohn von der Schule abholen und ihn informieren, ich schaffe das nicht. Bringt mir heute Abend einen Koffer mit Kleidern und füllt meinen Kulturbeutel, das wird wohl ein längerer Spitalaufenthalt», sagte sie und war nun ruhiger. «Ja klar, das werden wir tun», antwortete ich.

Nun kam der Tinnitus wieder. Reiß dich zusammen, Serge, ermahnte ich mich ... Doch es schauderte mich am ganzen Körper.

Wir sind seit acht Jahren geschieden. Doch empfinde ich unsere Beziehung seither als viel harmonischer und konstruktiver. Aufgrund des gemeinsamen Sorgerechts für unseren Sohn haben wir eine Struktur errichtet, die einen Austausch unausweichlich macht. Doch anstatt dies als Bürde anzusehen, führen wir eine vertrauensvolle Freundschaft. Besonders schätze ich die Flexibilität, mit der wir die verschiedenen Herausforderungen wie Schule, Hausaufgaben, Förderung, Freizeitgestaltung und Ferien angehen.

Wie sagt man so etwas dem eigenen Kind? Ich spielte auf der Fahrt zu ihm in Gedanken die verschiedenen Szenarien durch. Schon bald merkte ich, dass ich immer wieder in die Falle des «Schönredens» tappte. Ich wollte es ihm so schmerzfrei wie nur möglich beibringen. Doch ist das ehrlich? Es *ist* schmerzvoll. Da hilft auch kein Schönreden. Dennoch: Was weiß ich eigentlich über diesen Hirntumor? Wie akut ist es denn überhaupt? Genauso wenig wie Schönreden hilft Übertreibung. Doch wo liegt die Balance? Wo liegt die Realität?

In diese Gedanken versunken fand ich mich nach einer vierzigminütigen Autofahrt vor der Schule wieder. Zum Glück war ich noch zu früh und konnte in Ruhe überlegen, was ich wie sagen wollte.

Einfach ehrlich sagen, was ist. Sagen, was ich fühle und wie es mir geht. Doch ebenfalls wollte ich ihm den nötigen Raum geben, damit er es gut aufnehmen konnte. Einfach für ihn da sein. Solche Gespräche kenne ich aus der Theorie ja nur zu gut. All die Modelle und Methoden, die ich in den vielen Seminaren kennenlernen durfte, empfinde ich als großartig. Deshalb lehre ich sie ja auch in meinen eigenen Kursen. Doch nun ist es nicht mehr Theorie. In der Realität schwingen immer stärkere Emotionen mit, das macht die Umsetzung wohl so schwierig.

«Hoi Papi, was machst du denn da? Ich dachte, dass du mit Rolf heute Abend zum Nachtessen nach Zürich gehen würdest?», war seine erste Reaktion. «Hoi, Mami geht es nicht gut, sie musste ins Spital», war meine direkte Antwort. «Wir werden nun gleich ihren Koffer packen und gehen sie dann besuchen. Unser Besuch wird sie sicherlich sehr freuen.» Wie immer, wenn wir uns begrüßten, machten wir dies mit einer Umarmung. Sie erschien mir diesmal stärker und länger als sonst.

Der Regen trommelte während der ganzen Fahrt nach St. Gallen heftig auf die Windschutzscheibe. Vielleicht war das auch gut so? Wir redeten nicht.

Sie hatte sich in den letzten Wochen immer wieder über heftige Kopfschmerzen beklagt. Doch erst nachdem sie zweimal bewusstlos geworden war, hatte sie sich beim Arzt gemeldet. Unser Sohn hatte alles mitbekommen. Vor allem, als sie einmal vor seinen Augen im Wohnzimmer zusammengebrochen war, redete ich danach lange mit ihm darüber.

Es ist wohl unmöglich, in den Kopf eines Vierzehnjährigen zu sehen. Doch schon damals hatte ich ihn als sehr ruhig empfunden. Und genau diese Ruhe nahm ich nun wieder bei ihm wahr. Doch wie war das möglich? Wie konnte er so ruhig bleiben, wenn seine Mutter im Spital lag? Ich fand keine Antwort darauf. Auch nicht, als ich mit den verschiedensten Fragetechniken versuchte, Antworten aus ihm herauszulocken.

Wir warteten mittlerweile eine halbe Stunde lang im Auto auf dem Parkplatz, der uns zugewiesen worden war. Aufgrund der Corona-Pandemie waren die Sicherheitsvorkehrungen des Kantonsspitals sehr streng. Dann klopfte es an die Scheibe und eine Spitalangestellte erklärte uns, dass aufgrund der noch immer geltenden Pandemie-Bestimmungen um diese Uhrzeit keine Besuche erlaubt seien. Enttäuscht gaben wir den Koffer ab und fuhren wieder zurück.

Und wieder entstand diese Ruhe im Auto. Vielleicht hatte ich gehofft, dass er weinen oder schreien würde. Doch nichts geschah. Es war einfach still. Ich schaffte es nicht, nochmals meine Fragetechniken hervorzuholen, um irgendwelche Emotionen zu entfachen. Vielleicht ist es ja auch gut so, dachte ich mir. So fuhren wir wortlos zurück ins Toggenburg, wo er mit seiner Mutter seit mittlerweile sieben Jahren lebte.

Die Wohnung hat einen gewissen Charme und ist für zwei Personen mit knapp 90 Quadratmetern ziemlich groß. Er machte sich wortlos an die Arbeit, um das Schlafzimmer für mich herzurichten. Eigenartiges Gefühl ... Dieses Bett hatte ich wohl vor etwa fünfzehn Jahren gekauft. Ich versuchte meine Gedanken zu ordnen, denn vor lauter Stress hatte ich am Nachmittag vergessen, meine Sachen einzupacken. Er gab mir ein T-Shirt für die Nacht und eine Zahnbürste. Nun gut, das war organisiert. Doch wie komme ich am nächsten Morgen zur Arbeit? Kann und soll ich überhaupt zur Arbeit? Welche Termine hatte ich über die kommenden Wochen? Was lässt sich alles absagen?

Da ich nun angefangen hatte, mir alles aufzuschreiben, und die Termine auch gleich laut aussprach, setzte er sich neben mich. Bei jedem Termin fragte ich ihn nun, was er mir empfehlen würde, wodurch wir immer tiefer in gute Dialoge kamen. Und irgendwann, wie aus dem Nichts, lagen wir einander in den Armen und konnten gemeinsam weinen. Weshalb hatte es so lange gedauert, bis wir in diese Emotion kamen? Vielleicht waren wir in einem gewissen Schockzustand gewesen? Oder wir waren so im Helfermodus gefangen gewesen, dass wir die eigenen Gefühle nicht hatten zulassen können?

Es dauerte sieben Wochen, bis sie wieder nach Hause durfte. In dieser Zeit waren wir durchschnittlich dreimal pro Woche im Spital auf Besuch. Und immer stärker wich die Todesangst einer Hoffnung, dass doch alles wieder so werden würde, wie es einmal war.

In diesen sieben Wochen war ich nicht sehr nah bei mir. Ich hatte das Gefühl, einfach funktionieren zu müssen. Vor allem galt meine Aufmerksamkeit meinem Sohn. Wie nahm er diese starke Veränderung auf? Wie verhielt er sich, was sagte er wirklich?

Ich merkte, dass ich müde wurde. Der Fokus auf meinen Sohn war mein ständiger Begleiter, weshalb ich Mühe bekam, mich auf anderes zu konzentieren. Doch auch der lange Arbeitsweg zu den Kursen nach Zürich, Baden, Bern und Basel war erschöpfend. Ich war wie in einem Film. Ich bewegte mich intuitiv, ohne groß zu überlegen, wie es mir damit ging oder was ich fühlte. Stark bleiben, nicht einknicken, war mein tägliches Mantra, das ich mir unaufhörlich vorsagte. Und auch, dass ich für meinen Jungen da sein wollte.

Die nun immer positiver werdenden Prognosen der Ärzte gaben mir Energie. Und so war es für mich nur noch eine Frage der Zeit, dass ich wieder in mein altes Leben zurückkehren würde.

Vielleicht lag es an meiner fast schon lethargischen Haltung, dass ich gewisse Hinweise ignorierte. So sagte sie mir gleich bei der Rückkehr, dass sie nun nichts mehr mit dem Gesundheitswesen zu tun haben wolle und ganz auf Bestrahlung und Chemotherapie verzichten würde. Ja, vielleicht lag es an meiner Müdigkeit, dass ich dies nicht infrage stellte. Naiverweise glaubte ich, dass sie schon wisse, was für sie am besten sei.

Drei Monate später kam der nächste verheerende Telefonanruf. «Der Krebs ist zurück, ich muss sofort wieder ins Spital.»

Das Déjà-vu spielte sich innert Sekunden vor meinem geistigen Auge ab. Und genauso kam es dann auch. Alles noch mal von vorne. Noch mal zwei Monate ins Toggenburg ziehen, noch mal im fremden Bett mit so viel Geschichte, noch mal der lange Arbeitsweg und vor allem noch mal die heftige Sorge um sie und unseren Sohn. Wie viel kann sie ertragen? Wie viel kann ich ertragen? Und vor allem: Wie viel kann er ertragen?

Wie auf Knopfdruck verfielen wir wieder in unseren Funktionsmodus. Doch hatten wir diesmal einen großen Vorteil. Wir kannten die Situation bereits. Wir wussten, was für uns beide in einer solchen Situation funktioniert und was nicht. Zudem vernetzten wir uns stärker. Es war uns nicht mehr unangenehm oder gar peinlich, darüber mit Außenstehenden zu sprechen. Und das Sprechen tat uns gut. Wir nahmen nun jede Hilfe an und vor allem lernten wir, die Situation vollends zu akzeptieren. Sie ließe sich durch uns weder beschleunigen noch verlangsamen. Wie heißt es so schön? Es läuft einfach, wie es läuft, und wir laufen mit.

Mein Coach und Mentor Göpf Hasenfratz sagte mir in dieser Zeit während einer Sitzung, dass ich irgendwann auch hierfür einen Sinn erkennen würde. Am Tag davor hatte ich in einem Interview mit dem Schweizer Musiker Peter Reber gehört, dass es wichtig sei, einem belastenden Umstand Sinnhaftigkeit zu verleihen. Auf alle Fälle empfand ich beide Ansätze gerade in dieser Situation als befreiend und sehr motivierend. Plötzlich erinnerte ich mich auch wieder an meinen Professor in der Ausbildung in der Existenzanalyse: Dr. Alfried Längle. Der Mensch ist immer Gestalter seines Lebens und er ist Gestalter unter diesen Bedingungen. Wenn ich mich als Gestalter meines Lebens erkenne, dann kann ich auch die Sinnhaftigkeit erkennen.

Wir leben in einer VUKA-Welt. Das Unvorhersehbare bahnt sich immer häufiger einen Weg in unser Leben. «Aushalten» ist die neue Ultima Ratio. Ja, es sind massive Zumutungen: Pandemie, Krieg, Energieknappheit, Klimaerwärmung … Und dann noch die persönlichen Schicksalsschläge, wie in unserem Fall der Hirntumor. Es kann jeden von uns treffen. Wie aus heiterem Himmel, unberechenbar, unvorhersehbar … Doch: Der Mensch ist immer Gestalter seines Lebens und er ist Gestalter unter diesen Bedingungen.

Und was habe ich gelernt? Dass es tatsächlich in allem einen Sinn gibt oder dass man einem Umstand stets einen Sinn geben kann. Die Sinnhaftigkeit dieses Umstands erkenne ich darin, dass mein Sohn und ich über die insgesamt vier Monate stärker zusammengewachsen sind. Wir waren in dieser Zeit fast ausnahmslos beieinander. Wann gibt es das schon, dass man als Vater mit seinem vierzehnjährigen Sohn so viel Zeit verbringen kann? Das Teilen des Schmerzes, der Angst und der Hoffnung. Das Reisen ins Spital und dann in die Rehaklinik – alle zwei bis drei Tage. Das gemeinsame Kochen und vor allem die immer intensiver werdenden Dialoge. Wir mussten wohl beide zuerst gut hinschauen und -hören, bevor wir uns einander öffnen konnten.

W
O
O
P

WOOP

Wie du dein Ziel in vier Schritten erreichst

Du hast sicher schon oft gehört, wie wichtig es ist, Ziele zu haben. Doch ist das tatsächlich so? Und wenn ja, wie können Ziele am besten erreicht werden?

Grundlegend ist es gut, Ambitionen zu haben. Das Setzen und Erreichen von Zielen gehört zu den wichtigen Elementen der Selbstmotivation. Aber Achtung: Ziele können auch kontraproduktiv sein! Dies kann auf zwei Arten passieren. Erstens, wenn ein Ziel nicht erreicht wird. Je höher dieses emotional aufgeladen wurde, desto schmerzhafter ist auch dessen Verfehlung. Das kann beispielsweise ein neuer Job sein, den man nicht bekommt, oder auch eine Beförderung, die man nicht erreicht – trotz größter Anstrengungen. Auch bei sportlichen Zielen oder sonstigen persönlichen Projekten kann es enorm schmerzhaft sein, wenn diese nicht verwirklicht werden können.

Zweitens: Das Erreichen eines Ziels verursacht Traurigkeit. Das klingt wahrscheinlich etwas sonderbar, doch lässt sich das relativ leicht mit der Fallhöhe nach erfolgreichem Erreichen des Ziels erklären. Ganz nach dem Motto: «Ab jetzt kann es ja nur noch bergab gehen.» Ein eindrückliches Beispiel ist die Hochzeit. Mit Tränen in den Augen berichten Braut und Bräutigam, dies sei der schönste Tag ihres Lebens. Vielleicht fürchten sie, dass es schon am nächsten Tag nicht mehr so perfekt sein könnte. Assoziiert die Bezeichnung «Hochzeit» eventuell, dass eine «Tiefzeit» folgen wird?

Und es wird nicht besser. Was kommt denn, wenn die Kinder aus dem Haus sind, die lang ersparte Traumreise nach Australien zu Ende geht, die geniale Geburtstagsparty zum Fünfzigsten verklingt oder die langersehnte Pensionierung erreicht ist? All das kann tatsächlich zu einer schwer definierbaren Traurigkeit führen. Das hat mit der Enttäuschung zu tun, dass das dauerhaft gute Gefühl, das wir uns insgeheim erhofft hatten, nicht eintritt. Die Vorstellung des großen Glücks, das wir mit dem Erreichen des Ziels, der Hochzeit oder des Gipfelaufstiegs verbinden, bewahrheitet sich nicht. Das Hochgefühl über die erreichte Leistung hält nicht lange genug an. Dafür wird uns möglicherweise bewusst, welchen Preis wir für diesen Erfolg bezahlt haben.

All dies lässt sich darauf zurückführen, dass Ziele grundlegend egodominiert sind. Sehr eindrücklich ist dieses Phänomen im Arbeitsleben zu verfolgen: Es gibt Manager, die ohne regelmäßige Erfolgserlebnisse nicht mehr leben können. Ehrgeiz entstammt leider genauso wie Neid, Eifersucht und Missgunst unserem Ego.

Besonders beeindruckend finde ich das Beispiel von Reinhold Messner, den ich in einem Vortrag über seine Erstbesteigung des Mount Everest sprechen hörte. Er erzählte äußerst spannend von der komplizierten Vorbereitung, den Strapazen und davon, was alles wegen dieses Unterfangens hintanstehen musste. Faszinierend waren für mich auch Schilderungen des Wartens auf gutes Wetter im Basislager. Alles wurde diesem einen Ziel untergeordnet. Seine Anspannung, als das Wetter immer besser wurde und er seine erste Besteigung dann auch tatsächlich schaffte. Die letzten Schritte zum Gipfel waren für ihn die schwersten. Doch weshalb? Nun hatte er es ja geschafft? Was er dann erzählte, empfand ich als unglaublich. Ich hatte das Gefühl, seinen Schmerz wirklich spüren zu können: Oben angekommen, hätte er eine «absolute Leere» gefühlt. Keine Freude, kein Glücksgefühl. Er wollte nur noch runter von diesem Berg. Er beschrieb es zum Schluss so: «Die Spitze des Bergs ist nur der Umkehrpunkt. Ziele sind immer nur Etappenziele.»

Und was sagt uns dieses Beispiel? Natürlich nicht, dass wir keine Ziele mehr haben sollten. Nein, ganz sicher nicht. Das Problem liegt viel mehr in der Verkrampftheit und Verbissenheit, mit denen wir unseren Plan verfolgen. Sobald ich das Wort «muss» in meinen Mund nehme, werde ich unweigerlich verbissen.

Versteh mich bitte nicht falsch. Wir benötigen Ziele. Sie geben uns Antrieb, vor allem auch für unsere Selbstmotivation. Denn in vielen Fällen ist es auch ein wirklich gutes Gefühl, ein bestimmtes Ziel erreicht zu haben. Viele Menschen werden im Anschluss ruhiger und müssen sich nicht mehr alles beweisen. Allerdings ersparen wir uns viel Leid, wenn wir uns von Anfang an klarmachen, dass Ziele immer nur Etappenziele sind.

Entscheidend ist auch hier die Freude. Diese sollte nicht erst am Ende der Tätigkeit eintreffen oder als Belohnung für das Erreichen des Ziels. Die Freude sollte über den ganzen Prozess hinweg andauern. Dann ist die Fallhöhe viel weniger hoch und man kann das Ganze als Weg betrachten. Die Freude und das daraus resultierende Wohlgefühl entstehen viel einfacher, wenn man den ganzen Weg annimmt und zelebriert. Ziele werden so zu einem ganzheitlichen Erlebnis.

Wie du das schaffst, soll dir dieses Kapitel aufzeigen.

Was ist ein Ziel und wie kannst du es erreichen?

Ein Ziel beschreibt einen in der Zukunft liegenden Zustand, der sich vom gegenwärtigen Zustand unterscheidet. Du möchtest einen besser bezahlten Job, du möchtest fünf Kilo abnehmen, eine Sprache lernen oder dich gesünder ernähren. Das sind alles Ziele, die mir in meinen Coachings immer wieder zugetragen werden. Doch weshalb scheitert man so oft bei dem Versuch, sie zu erreichen? Weshalb ist man so euphorisch an Silvester, nimmt sich all diese wunderbaren Dinge vor und ist über sich selbst erstaunt und vor allem enttäuscht, dass man nach einem Jahr kaum etwas davon umgesetzt hat?

Nebst einer verkrampften Herangehensweise ist auch eine fehlerhafte Organisation ein möglicher Grund für das Verfehlen von Zielen. Zwei Modelle können in diesem Fall hilfreich sein: der Wunsch oder SMART.

Wer schon einmal einen Kurs in der Erwachsenenbildung besucht hat, ist mit ziemlich großer Wahrscheinlichkeit dem Modell SMART begegnet. SMART ist die Abkürzung für ein Kriterienraster, das an ein definiertes Ziel angelegt wird. Demnach sollte das Ziel «S» wie spezifisch, «M» wie messbar, «A» wie attraktiv, «R» wie realistisch und «T» wie terminiert sein.

Um vor allem technische Ziele im Berufsalltag erreichen zu können, ist dies sicherlich ein wirkungsvolles Modell. Persönliche Ziele hingegen sind immer auch emotional aufgeladen und können daher nur schlecht mit einem solchen Raster kombiniert werden, da sich dieses ausschließlich auf das Endresultat fokussiert und sämtliche emotionalen Aspekte außer Acht lässt. Daher empfinde ich SMART als ungeeignet, wenn es um das Erreichen von persönlichen Zielen geht.

Die zweite Herangehensweise, die immer mehr an Popularität gewinnt, legt den Fokus auf das Visualisieren eines persönlichen «Wunsches». Hierzu gibt es unzählige Methoden und Modelle. Egal ob es der «Wunsch ans Universum» ist oder der «schriftliche Wunsch», den man sich hundertmal laut vorliest oder unter sein Kopfkissen legt: Es geht immer um die Fokussierung, Formulierung und Visualisierung eines konkreten Wunsches. Dabei propagieren diese Methoden vor allem den unbeirrbaren Willen à la «Wenn du etwas wirklich willst, dann wird es auch eintreffen». Ganz so einfach ist es natürlich nicht, denn wenn ein Ziel verfehlt wird, dann liegt es nicht automatisch daran, dass man es nicht stark genug gewollt oder zu wenig gut visualisiert hat.

Verschiedene Studien haben aufgezeigt, dass es beim Erreichen eines Ziels meist kontraproduktiv ist, wenn man dieses lediglich an einem Wunsch festmacht. Auf eine Studie von Gabriele Oettingen möchte ich an dieser Stelle vertieft eingehen. Sie ist Professorin für Pädagogische Psychologie und Motivation an der Universität Hamburg und an der New York University. Sie forscht seit 25 Jahren zu den Themen Zukunftsdenken und Selbstregulation. Aus diesen Forschungsarbeiten ist die für mich wirkungsvollste Methode zum Erreichen persönlicher Ziele entstanden: WOOP.

Vom Wunsch zu WOOP

Wenn man von etwas träumt und spürt, wie sich daraus eine Zukunftsfantasie entwickelt, dann fühlen sich diese Gedanken wunderbar entspannend an. Doch genau diese Entspannung verhindert die notwendige Energie, die zur Erreichung des jeweiligen Ziels aufgebracht werden muss. Selbstverständlich benötigen wir das positive Denken, aber dies allein reicht nicht aus. Es wurde tatsächlich nachgewiesen, dass positives Denken den systolischen Blutdruckwert (oberer Messwert) senken kann. Das wiederum hat einen direkten Einfluss auf die Energie, die dadurch geringer wird. Offensichtlich benötigt es auch hier die Polarität von Anspannung und Entspannung.

Aus unzähligen Forschungsergebnissen hat Gabriele Oettinger herauskristallisieren können, dass die positive Visualisierung des Wunsches mit der Visualisierung von möglichen Hindernissen verknüpft werden sollte. Dies löse eine verstärkte Energie über das Unterbewusstsein aus. Und Energie würde benötigt, um Hindernisse überwinden zu können. Gabriele Oettinger nennt die Methode «mentales Kontrastieren».

Ergänzt wurden diese Erkenntnisse mit dem «Wenn-dann-Szenario» durch den Motivationsforscher Peter Gollwitzer. Er stammt ursprünglich aus Deutschland und lehrt nun ebenfalls an der New York University. Die «Wenn-dann-Pläne» erzeugen bei ihrer Visualisierung einen unbewussten Verknüpfungszusammenhang, der es vereinfacht, Hürden zu überwinden.

Durch die Kombination beider Konzepte entstand das WOOP-Modell, das zu wirklich erstaunlichen Veränderungsprozessen führen kann. Das Spannende an der WOOP-Methode ist, dass sie im Unbewussten ansetzt. Durch die Verknüpfung der Wunschvorstellung mit den Hindernissen wird der entspannte Zustand in der Zielerreichung mit dem Energieaufwand für das Vorgehen verknüpft.

Das Woop-Modell

Im Lehrgang zur Positiven Psychologie wird immer wieder auf die Forschungsarbeit von Gabriele Oettingen und auf WOOP hingewiesen. Als ich das Modell dann zum ersten Mal selbst für mich ausprobierte, war ich derart verblüfft über das Resultat, dass ich mir das Buch *Die Psychologie des Gelingens* (2015) sogleich kaufte. Gabriele Oettingen beschreibt darin WOOP wie ein Schweizer Taschenmesser. Die Methode sei vielseitig anwendbar und habe viele Funktionen. So könne sie dabei helfen, **Wünsche zu erkennen und zu erfüllen.** Die positiven Zukunftsgedanken geben dem Handeln die Richtung. Die Hindernisse in einem selbst spornen an, diese zu überwinden. Die WOOP-Methode hilft außerdem, **Prioritäten zu setzen** und sich klarzumachen, was man wirklich will und welche Ziele man verfolgen möchte. So erläutert sie weiter, dass eine intensive Auseinandersetzung mit den vier Schritten dabei helfen kann, zu erkennen, was einem wichtig ist und was vielleicht weniger.

Anwendung im Alltag

WOOP steht für **W**ISH, **O**UTCOME, **O**BSTACLE und **P**LAN, was auf Deutsch Wunsch, Ergebnis, Hindernis und Plan bedeutet.

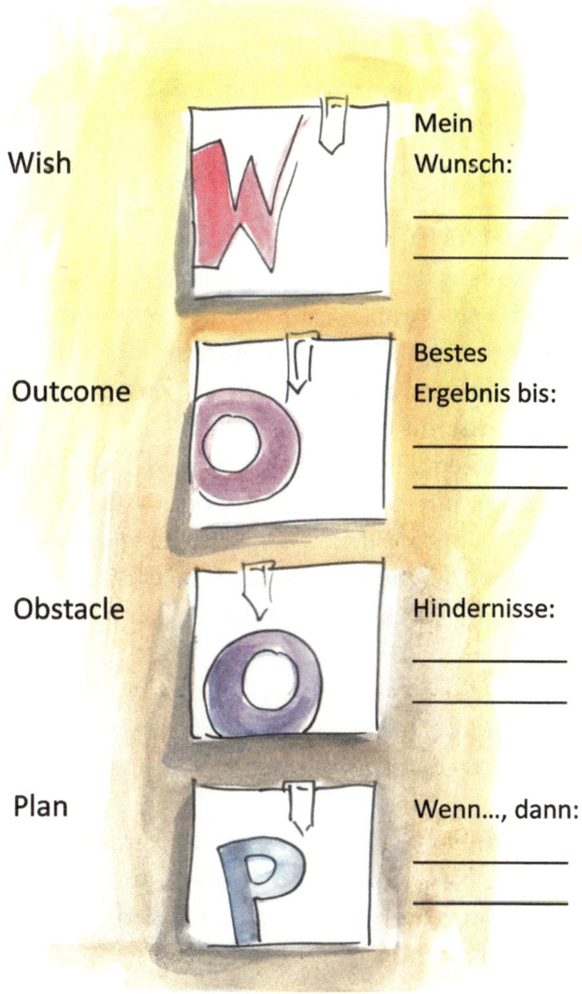

Das Setzen von Zielen mit WOOP ist ganz einfach. Aus diesem Grund ist das Modell auch so erfolgreich. WOOP beleuchtet den ganzen Prozess, von der Planung bis zur Erreichung des Ziels, wodurch sich der Weg besonders freudvoll gestaltet.

Nachfolgend sind nun die vier Schritte einzeln beschrieben mit Beispielen und Tipps. Die Empfehlung dabei ist, dass du das Modell als Grundraster nutzt und deine Antworten schriftlich festhältst. Versuch es doch gleich einmal – es funktioniert!

Schritt 1: WISH/Wunsch

Als Erstes kommt der Wunsch. Du kannst dabei deine Fantasie spielen lassen. Versuch ganz offen zu sein und dich nicht selbst zu zensieren. Vielleicht kommen dir nun auch ganz viele Wünsche in den Sinn, die sich als Ziel eignen würden. Wichtig ist, dass du dich pro WOOP auf einen konkreten Wunsch fokussierst. Egal ob es ein Wunsch ist, den du schon seit Ewigkeiten mit dir herumträgst, oder vielleicht auch nur etwas ganz Kleines aus dem Alltag. Entscheidend ist nur, dass dich das Ziel reizt und du es jetzt angehen möchtest. Du kannst dir hierfür auch die folgenden Fragen stellen:

- Was möchtest du erreichen?
- Bis wann willst du es erreichen?
- Weshalb möchtest du diesen Wunsch verwirklichen?
- Was motiviert dich dazu, dieses Ziel zu realisieren?

Natürlich sollte es ein Wunsch sein, der auch realistisch und umsetzbar ist. Nun schreibst du diesen Wunsch auf. Ich gebe dir hierfür zwei Beispiele; eines aus dem Berufsalltag und ein aktuelles aus meinem persönlichen Leben:

- **Beispiel aus dem Berufsalltag:** «Sprüche von Arbeitskolleginnen und Kollegen nehme ich nicht persönlich und bleibe gelassen.»
- **Persönliches Beispiel:** «Ich möchte am Engadiner Skimarathon teilnehmen (zweitgrößte Langlaufveranstaltung der Welt mit 15 000 Teilnehmenden aus durchschnittlich 60 Nationen und einer Strecke von 43 Kilometern).»

Schritt 2: OUTCOME/Ergebnis

Als zweiter Schritt wird das bestmögliche Ergebnis definiert. Dabei wirst du nun konkret. Hier unterscheidet sich der Schritt auch zum vorherigen. Ein Wunsch bleibt in unserer Fantasie, das Ergebnis liefert klare Leitplanken. Mit den nachfolgenden Fragen kannst du einfacher auf dein konkretes Ergebnis kommen:

- Was ändert sich für dich, wenn du dein Ziel erreicht hast?
- Wie könnte sich das Ergebnis auf dein Leben auswirken?
- Wer ist sonst noch von diesem Ergebnis betroffen? Familie? Freunde? Kollegen? Dein Arbeitsteam?
- Welche Gefühle nimmst du wahr, wenn du dir vorstellst, dieses Ergebnis träte ein?
- Was denkst du über dich persönlich, wenn du dich beim Erreichen des Ziels vorstellst?
- Welche ersten Realisierungsschritte kannst du in deiner Vorstellung erkennen?
- Wie und womit willst du das Ergebnis für dich im Gedächtnis verankern?

Versuch, dir deine Erkenntnisse zu den jeweiligen Fragen aufzuschreiben. Sie werden dir helfen, dein Ergebnis möglichst konkret benennen zu können. Doch auch hier heißt es: locker bleiben, nicht verkrampfen. Schreib einfach, was dir gerade in den Sinn kommt. Ein Ergebnis darf sich über die Zeit hinweg wandeln. Aber vielleicht konkretisiert es sich auch noch mehr, je länger du dich damit beschäftigst. Wichtig ist, dass du deine Ergebnisse in der «Ich-Form» aufschreibst. Dadurch steigerst du deine Verbindlichkeit und somit deine Eigenverantwortung. Kommen wir zurück zu unseren zwei Beispielen.

Das Ergebnis im Berufsalltag könnte sein:

- Meine Atmung bleibt ruhig.
- Ich entdecke hinter den Sprüchen die Bedürfnisse der Arbeitskolleginnen und -kollegen.
- Ich begreife, dass die Arbeitskolleginnen und -kollegen ab und an schlechte Tage haben und gefrustet sind.
- Ich mache mir bewusst, dass meine Arbeitskolleginnen und -kollegen im Grunde nichts gegen mich haben, sondern diese Sprüche einfach grundlos von sich geben.

Das Ergebnis des persönlichen Beispiels könnte sein:

- Ich möchte am 12. März 2023 in Maloja am Start stehen.
- Ich möchte während der 43 Kilometer Freude haben – an der Bewegung und an der schönen Natur.
- Ich möchte eine Zeit um die 3,5 Stunden erreichen.
- Ich möchte gesund im Ziel ankommen und danach ohne Beschwerden zum Zug spazieren können.
- Ich möchte am nächsten Tag mein Seminar geben, ohne dass jemand merkt, welcher Anstrengung ich am Tag zuvor ausgesetzt war.

Tipp: Eine zusätzliche Hilfe kann selbstverständlich nicht schaden. Hierzu gibt es verschiedenste Möglichkeiten. Vielleicht kennst du bereits das Zielerreichungsjournal oder die Motivations-Schatzkarte, die du unterstützend einsetzen kannst? Vielleicht passt für dich auch ein Mindmap mit all deinen Erkenntnissen, das du in knalligen Farben gut sichtbar an deiner Magnetwand hängen hast?

Ich nutze für meine WOOPs die App, die in allen gängigen App-Stores kostenlos heruntergeladen werden kann. Toll ist dabei, dass man die Intensität der Unterstützung je nach Bedürfnis ganz einfach einstellen kann.

Schritt 3: OBSTACLE/Hindernis

Nachdem du nun deinen Wunsch und auch die konkreten Ergebnisse benannt hast, geht es um das Erkennen und Erfassen von möglichen Hindernissen.

Zugegeben: Beim Erkennen der Wünsche und Realisieren der Ergebnisse denkt man eher selten an mögliche Hindernisse, weil die Motivation in diesen positiven Zukunftsfantasien sehr hoch ist. Doch genau jetzt wird der große Unterschied zu vielen anderen Zielerreichungsmodellen ersichtlich, denn wir analysieren nun ganz nüchtern, was uns – realistisch gesehen – alles dazwischenkommen könnte. Natürlich gibt es auch hier einen sogenannten Best Case, jedoch eben auch einen Worst Case. Hand aufs Herz: Die Wahrheit liegt wohl meist irgendwo dazwischen. Diesen Zwischenraum wollen wir im dritten Schritt besprechen.

Auch hier kommen wir der Sache am einfachsten mit Fragen auf die Spur:

- Wo erkennst du spontan die ersten Hindernisse?
- Was könnte dir schwerfallen?
- Hast du einen konkreten Zweifel daran, dass du es überhaupt schaffen wirst? Wie konkret sieht dieser Zweifel aus? Versuch auch diesen möglichst genau aufzuschreiben.
- Ist dir ein Bild vor deinem geistigen Auge erschienen, das einen Druck auf deinem Brustkorb auslöst?

- Hast du bereits die Erfahrung gemacht, bei früheren Plänen dieser Art aufgegeben zu haben? Was war hierfür der Hauptgrund?
- Welche inneren (Denk-)Muster, Verhaltensweisen und auch persönlichen Eigenschaften könnten deine Zielerreichung schwächen?

Die Hindernisse in unserem Berufsbeispiel könnten sein:
- Wenn Sprüche kommen, brause ich sofort auf. Ich höre nicht mehr zu. Ich will nur Kontra geben.
- Ich reagiere automatisch (über das Unterbewusstsein). Meine Tonstärke wird lauter. Ich verschränke die Arme vor der Brust.
- Es werden Kindheitserfahrungen getriggert, in denen meine Eltern Sprüche fallen ließen, die ich persönlich nahm.
- Ich kann die Sprüche nicht einfach als Sprüche belassen, sondern nehme diese mit und grüble lange darüber nach.
- Ich nehme mir die Sprüche so sehr zu Herzen, dass ich latent traurig bin.

Die Hindernisse in meinem persönlichen Beispiel könnten sein:
- Ich verliere die Motivation und somit die Lust am Training.
- Da es keinen Schnee bei uns im Flachland gibt, komme ich nicht auf die Ski und verliere dadurch das Gefühl für die Koordination beim Langlauf.
- Ich bekomme zunehmend Angst, mich zu verletzen.
- Meine Anspannung steigt so stark, dass ich Stress bekomme.

Tipp: Das Bewusstmachen von Hindernissen geschieht meist unerwartet und kann eher schwierig auf Knopfdruck geleistet werden. Daher ist es gut, wenn man ein kleines Büchlein bei sich trägt und sich die Gedanken jeweils aufschreibt, wenn sie kommen.

Schritt 4: PLAN/Plan (Wenn, dann ...)

Jetzt geht es ans Eingemachte und damit auch an den anspruchsvollsten Teil von WOOP: deinen Plan. Wie gehst du zur Erreichung des Ziels vor? Was wirst du tun, wenn Hindernisse auftauchen? Was ist dein «Wenn-dann-Plan»? Wichtig ist, dass man auf den drei ersten Schritten aufbaut und sich konkret vornimmt, die folgenden Punkte in sein Raster zu schreiben. Natürlich kann es auf dem Weg zum erfolgreich erreichten Ziel auch nochmals zu Anpassungen kommen. Diese Anpassungen solltest du ebenfalls schriftlich festhalten.

Planung der einzelnen Schritte für das Beispiel im Arbeitsalltag (konkret an die definierten Hindernisse angepasst):

- Wenn Sprüche kommen, bleibe ich ruhig, höre zu und gebe kein Kontra.
- Ich werde nicht lauter und meine Körpersprache bleibt gelassen.
- Ich weiß, dass diese Sprüche überhaupt nicht mit meinen Kindheitserfahrungen korrelieren. Deshalb kann ich diese nun auch gelassener annehmen.
- Ich lasse die Sprüche einfach nur Sprüche sein und akzeptiere sie.
- Ich verdeutliche mir, dass diejenigen, die solche Sprüche von sich geben, diese vor allem zu sich selbst sagen. Ich nehme mir die Anmerkungen nicht mehr zu Herzen.

Meine Konklusionen und zusätzlichen Pläne:

- Achtsamkeit erhöhen, damit ich schnell erkennen kann, wenn ich wieder in alte Verhaltensmuster falle.
- Üben, innerlich «Stopp» zu sagen, wenn mein altes Verhalten getriggert wird.
- Auf meine Atmung achten.
- Nach schwierigen Situationen mit Arbeitskolleginnen und -kollegen kurz innehalten und meine Reaktion reflektieren.

Planung der einzelnen Schritte für mein persönliches Beispiel (konkret an die definierten Hindernisse angepasst):

- Wenn ich merke, dass die Motivation für ein Training nachlässt, lese ich in meinem Buch und sage mir: «Walk your talk!»
- Wenn kein Schnee liegt, plane ich Tage, an denen ich hoch in die Alpen fahre und den Laptop zum Arbeiten mit in den Zug nehme. Oder ich weiche auf alternative Trainingsformen aus (wie Jogging, Koordination oder Krafttraining).
- Ich weiß, dass Angst kein guter Ratgeber ist. Ich achte gut auf mich und vertraue darauf, dass ich mich nicht verletzen werde.
- Wenn ich merke, dass die Anspannung steigt, dann atme ich dreimal tief durch und sage mir, dass es ein Glück ist, Langlauf – und generell die Bewegung draußen in der Natur – erleben zu können.

Meine Konklusionen und zusätzlichen Pläne:

- Dieses Ziel ist natürlich auch «nur» ein Etappenziel. Vielmehr geht es darum, dass ich durch dieses Ziel zusätzliche Motivation fürs Training bekomme. Das Training geschieht primär für meine Gesundheit – die körperliche, psychische und geistige.

- Sich in den schönsten Landschaften der Schweiz bewegen zu können ist ein großes Privileg. Die Dankbarkeit für dieses Privileg ist eine große Motivation.

Tipp: Ich habe einmal gelernt, dass die Aussage «Ich denke, dass ich es schaffen kann» viel bewirken kann. Eine noch intensivere Affirmation ist jedoch folgender Satz: «Ich weiß, dass ich es schaffe!»

Konklusion

Mit der WOOP-Methode stellst du fest, ob dein Wunsch realistisch und erreichbar oder unrealistisch ist, womit du dich auf ein vielversprechenderes Ziel konzentrieren solltest. Ist dein Wunsch erreichbar, bekommst du durch die WOOP-Methode Energie und eine Orientierungshilfe. Das fördert das Engagement und die Motivation.

Das Spannende an der WOOP-Methode ist, dass sie im Unbewussten ansetzt. Durch die Verknüpfung der Wunschvorstellung mit den Hindernissen wird ebenso der entspannte Zustand mit dem Energieaufwand für das Vorgehen verknüpft. Die «Wenn-dann-Methodik» schlägt dem allzu oft einsetzenden inneren Schweinehund ein Schnippchen.

Das vielleicht Wichtigste überhaupt ist, gut hinzuschauen, was die WOOP-Methode mit dir macht. Versuch zu erkennen, ob du dich verkrampfst und dadurch verbissen wirst. Es geht nicht darum, das Ziel unter allen Umständen zu erreichen; es geht darum, diesen Prozess als Weg zu verstehen. Und dieser Weg sollte vor allem Freude bereiten. Das Erreichen des Ziels ist sowieso «nur» eine Etappe.

« Der Gletscher der toten Ebene »
Wie bin ich nur auf die Idee gekommen, dass das Freude machen könnte? Der Wind bläst mir mit 60 Stundenkilometern ins Gesicht und der Schneeregen fühlt sich auf meiner Haut an wie kleine Peitschenhiebe. Soll ich aufgeben …? Kann ich noch …?

Ich befand mich auf über 3000 Metern über dem Meer auf einem Gletscher im Grenzgebiet der Kantone Bern und Wallis. Plaine-Morte heißt die unwirkliche Gegend hier oben, was auf Deutsch in etwa « tote Ebene » bedeutet. Ich war nun bereits 26 Kilometer unterwegs und wusste nur zu gut, dass es noch knapp 2000 Meter bis ans Ziel sein würden. Plaine-Morte, tote Ebene – der Name war Programm …

Die Voraussetzungen für diesen Wettkampf mit dem passenden Namen *Glacier 3000* waren alles andere als optimal. Mein Sohn hatte am Vortag ein solches Heimweh gehabt, dass ihn seine Mutter in einer Nacht-und-Nebel-Aktion in unserem Hotel bei Gstaad abholen musste. Zudem hatte sich ein Streit zwischen meiner Laufpartnerin und mir entbrannt, weil ich die Abmachungen zum Lauftraining am Vortag (aufgrund des Desasters mit meinem Sohn) nicht einhalten konnte. Eigentlich wollte ich schon am Vorabend alles hinschmeißen. Dieser Gedanke wurde noch gestärkt, als ich vom Balkon meines Hotelzimmers aus auf den Berg schaute und mir nicht wirklich vorstellen konnte, wie das machbar sein solle. Zu guter Letzt war auch noch die Wettervorhersage mies: Für den nächsten Tag wurde ein starker Sturm vorausgesagt, auf den wir mittags treffen würden.

Weshalb tue ich mir diese Dinge an? Es ist ja nicht das erste Mal. Bin ich auf Anerkennung aus? Möchte ich mir etwas beweisen? Renne ich vor mir selbst weg? Bin auch ich diesem Selbstoptimierungswahn verfallen? Achtung, das sind diese fiesen Gedankenfallen …

Ich hatte ein gutes Training über die vergangenen Monate, bei dem ich mich mit der WOOP-Methode unterstützte und motivierte. Besonders viel Freude empfand ich bei den längeren Trainings, für die ich in die Berge fuhr, um mich an die Höhe zu gewöhnen. Diese Gedanken stärkten mich und ließen mich in einer Art Delirium einfach weiterlaufen.

Doch hatte ich in den letzten 45 Minuten bereits drei starke Muskelkrämpfe erlebt, die mich jedes Mal etwas länger auf dem Boden haben liegen lassen. In dieser Heftigkeit hatte ich so etwas bis dahin noch nicht erlebt. Es fing beim ersten schwierigen Aufstieg bei Kilometer 19 in der rechten Wade an. Wie vom Blitz getroffen, steinhart … Ein unglaublicher Schmerz; als würde jemand ein Messer in meine Wade rammen. Gegendruck – so fest wie nur möglich. Zum Glück half mir ein anderer Läufer dabei. Und wie durch ein Wunder verschwand der Krampf so schnell, wie er gekommen war.

Knappe eineinhalb Kilometer weiter dasselbe Problem in der linken Wade. Fortan lief die Angst mit, dass es mich noch einmal treffen könnte. Und dann, zum allerersten Mal überhaupt, ein Krampf im Oberschenkel, der sogar noch schmerzhafter als die Wadenkrämpfe ausfiel. Wie soll ich damit nur umgehen?, fragte ich mich. Gehen, einfach gehen, leicht belasten, aber nicht rennen, nicht rennen … Ach Gott, was tue ich mir da an?

Aber es sind nur noch 2000 Meter. Wie stolz wäre ich, wenn ich es schaffte? Wie beschämt wäre ich, wenn ich nun aufgäbe? Vielleicht sind es ja gerade diese Gedanken, die mich weitermachen lassen. Scham, mich schämen, woher kommen diese Gefühle? Ich weiß es nicht … Gedanken sind in dieser Höhe schwerer zu fassen und einzuordnen. Und doch scheint es, als sei ihre Intensität besonders stark. Einen Fuß vor den anderen, und noch einen, und noch einen ... Immer ans Ziel denken! Ich habe solche Herausforderungen schon einmal geschafft, dann schaffe ich es auch jetzt!

Ich erinnere mich an einen Trick aus dem Sport-Mental-Training. In meinen Gedanken rufe ich mein Krafttier, den Adler. Sofort ist er da und lässt von seinen beiden Fängen zwei Lederriemen hinunter, an denen ich mich festhalten kann. Wie in einem Traum halte ich mich an den Lederriemen, die mich zu tragen scheinen. Es ist zugleich verwirrend wie auch befreiend, dass ich mir all dies durch meine Gedankenkraft ermöglichen kann. Das ist pure Energie, die hier freigesetzt wird. «Großartig!», denke ich mir. Keine Ahnung, wie das möglich ist. Doch ich muss nicht alles verstehen ...

Und dann kommt mir noch ein weiteres Bild aus dem Mental-Training: das «Power-Team auf meinen Schultern». Dabei stelle ich mir vor, dass ich auf jeder Schulter je einen Menschen oder sogar ein Team habe, das mir Kraft gibt. Doch wen soll ich wählen? Gut, dass ich mir solche Fragen noch stellen kann, denke ich mir plötzlich. Und schon huscht ein kleines Lächeln über meine Lippen. Wahnsinn, das ist es: einfach lächeln! Wie schnell ich doch solche einfachen Tricks immer wieder vergesse.

Nun habe ich mich entschlossen. Je ein Doppelpack, das brauche ich jetzt. Auf meiner rechten Schulter sitzen nun mein Sohn und mein Bruder, die stehen für Energie und Kraft. Auf meiner linken Schulter sitzen meine Eltern, die für Vertrauen und Geborgenheit stehen. Auch diese Methode stellt sich als hocheffektiv heraus. Die vier sind plötzlich präsent, ganz nah und tragen mich zusammen mit meinem Adler.

Nun ist auch noch starker Nebel aufgezogen. Ich sehe meine Hand fast nicht mehr vor den Augen. Alles ist weiß. Gletscher, Schnee, Nebel, eisiger Wind. Mir wird immer wärmer. Das ist alles, was ich noch von meinem Körper spüre. Es fühlt sich an, als hätte sich mein Körper aufgelöst ... Es ist alles nur noch mental ... Es ist alles in meiner Psyche, in meinem Geist.

Plötzlich höre ich von Weitem den Lautsprecher aus dem Zielbereich, der abwechselnd in drei Sprachen die noch verbliebenen Läufer anfeuert. Musik. Helfer am Streckenrand rufen. Ich höre es, doch alles klingt dumpf. Es windet immer stärker. Mentaler Druck. Ich schaffe es ... Ich schaffe es ...

Irgendwie taumele ich ins Ziel; völlig entkräftet und so stark durchgefroren, dass ich weder meine Fingerkuppen noch meine Füße spüren kann. Ich hatte die letzten paar Hundert Meter immer wieder an WOOP gedacht. Der Wunsch war stärker als die Hindernisse gewesen, das hatte mich ins Ziel gebracht. Doch musste ich mir ehrlich eingestehen, dass die Anstrengung für mich zu hoch gewesen war. Ich war weit über mein Limit hinausgeschossen. Das mag für gewisse Menschen okay sein. Für mich ist es das definitiv nicht. Ja, ich hatte es geschafft, doch der Preis war zu hoch gewesen.

Bei WOOP geht es auch darum, sich realistische Ziele zu setzen und dass diese einem Freude bereiten. Freude über den ganzen Prozess hinweg: vom Gedanken über die Umsetzung bis zur Zielerreichung. Wir können unglaublich viel schaffen, wenn wir ein klares Ziel vor Augen haben. Aber irgendwo hört es auch auf. Ziele sind zwar immer Etappenziele, doch diesen Lauf werde ich mit Sicherheit nie mehr machen wollen!

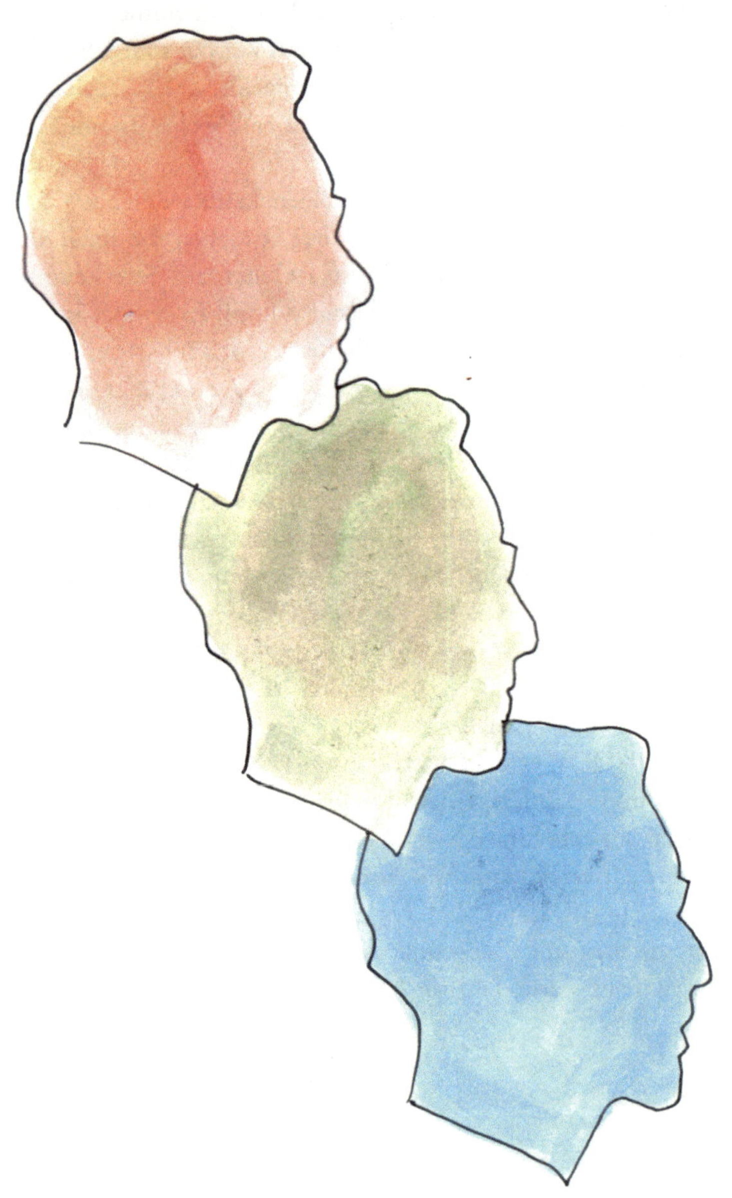

Der dreidimensionale Mensch

Wie du Entspannung lernst

Wie kann das Phänomen «Mensch» leichter verstanden werden? Wie kann ich mich besser wahrnehmen? Und vor allem: Was kann ich tun, damit ich mich in meinem «Menschsein» wohler fühle? Diese Fragen haben mich schon immer begleitet, doch wirkliche Antworten habe ich lange Zeit nicht gefunden.

Das Modell des dreidimensionalen Menschen

Während meiner Ausbildung in der Existenzanalyse bei Alfried Längle in Österreich wurde uns das Konzept der «Dimensionalontologie» nach Viktor Frankl nähergebracht. Darin wird der Mensch als dreidimensionales Wesen verstanden: mit Körper, Psyche und Geist. Und da war es wieder: Eine dieser Erkenntnisse, die mein Leben fortan bereichern sollten. Innerhalb kürzester Zeit erschien mir vieles klarer und aus verschiedenen Puzzleteilen formte sich ein Bild.

Das Konzept der drei Dimensionen wurde von Viktor Frankl nicht vollkommen neu erfunden. Es gibt verschiedene Quellen, in denen drei Elemente des Menschseins beschrieben werden. In der Schweiz ist wahrscheinlich die Maxime des Zürcher Pädagogen Heinrich Pestalozzi («Kopf, Herz und Hand») die bekannteste, was für mich Ansporn war, diese vertieft zu recherchieren.

Pestalozzis Maxime ist ein wahrer Klassiker, wenn es um das Lernen und Erfahren geht. Sie ist weiterhin unbestritten und prägt bis heute die Bildungspläne und die Unterrichtspraxis an vielen Schulen. Sein großes Vermächtnis ist die Annahme, dass Denken, Gefühle und Handeln nicht voneinander losgelöst sind. Unter dem Prinzip «Kopf» versteht Pestalozzi das Bewusste und das auf dem Verstand beruhende

Denken. Wir verwenden unseren Kopf, wenn wir planen, nachdenken, reflektieren oder eine Entscheidung abwägen. Das «Herzprinzip» steht für Stimmungen und Gefühle, die unser Denken und Erleben stets begleiten. Die «Hand» steht für unsere faktischen Handlungen, also das, was wir tun. In der Übersetzung zu Frankl könnte man den «Körper» mit der «Hand» von Pestalozzi vergleichen, die «Psyche» mit dem «Kopf» und den «Geist» mit dem «Herz».

Doch was hat es damit tatsächlich auf sich und wie lässt es sich besser nachvollziehen? Die Unterscheidung zwischen Körper und Psyche ist erst einmal logisch nachvollziehbar. Den Unterschied zwischen Psyche und Geist empfinde ich hingegen als um einiges anspruchsvoller. Eine relativ plausible Erklärung, die mir gegeben wurde, ist, dass die Psyche der Teil ist, der wissenschaftlich erforscht wird. Psyche meint daher im naturwissenschaftlichen und medizinischen Sinne: Fühlen, Denken, Lernen, Charakter und Persönlichkeitsmerkmale eines Menschen. Der Geist wird als transzendentaler Aspekt erklärt. Das ist alles, was den Menschen betrifft, jedoch wissenschaftlich nicht erklärt werden kann. Dem Geist kommen Bereiche zu wie das Gewissen, die Seele und die Spiritualität, jedoch auch die Würde und der Humor. Entscheidend ist, dass man diese drei Dimensionen in einer engen, gegenseitigen Wechselwirkung erkennt. Frankl hat viel über dieses Thema geschrieben, wobei ich dies nur kurz anschneiden möchte. Er betont, dass wir alle körperlich, psychisch und geistig existieren. Jede Dimension besitzt ihr Eigenwesen und ihre Eigenständigkeit, gleichzeitig stehen sie in einem besonderen Verhältnis zueinander. Er sieht den Menschen weder als eine bloße «Zusammensetzung» aus Körper, Psyche und Geist noch betrachtet er diese Elemente isoliert voneinander. Frankls Vorstellung der Dimensionalontologie ist eine spezifische Antwort auf das Körper-Geist-Problem der traditionellen Philosophie. Entscheidend war für ihn, dass diese drei Bereiche ganzheitlich und in einem möglichst guten Einklang zueinander stehen sollten.

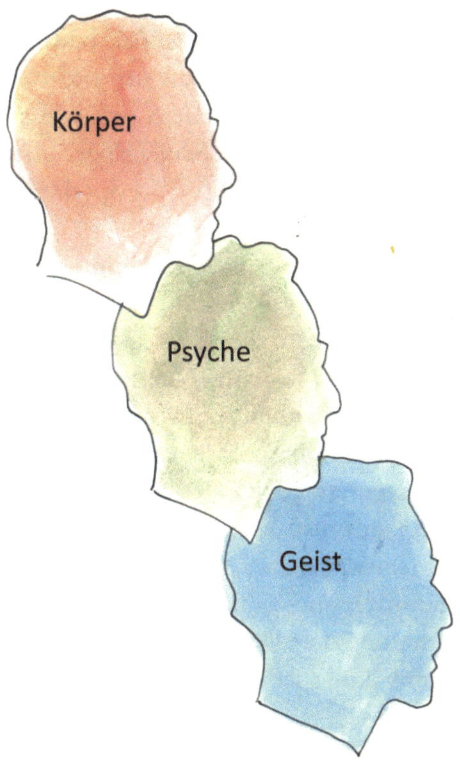

Anwendung im Alltag

Was könnte nun die drei Bereiche Körper, Psyche und Geist möglichst gut in Einklang bringen? Wie kann ich dies sinnvoll trainieren? Meine Antwort hierzu kommt zur Abwechslung nicht aus einer meiner beruflichen Weiterbildungen, sondern aus dem Sport. Ich hörte von meinem Trainer immer mal wieder, dass es in den unterschiedlichsten Sportarten neben dem Training genauso wichtig sei, sich Erholungszeiten zu nehmen. In vielen Studien aus der Sportwelt heißt es sogar, dass man die gleiche Zeit für die Erholung aufwenden soll wie fürs Training.

Im sportlichen Bereich wird die «aktive Entspannung» empfohlen. Das bedeutet, dass diese Zeit bewusst für die Regeneration genutzt wird, indem man sich nicht einfach «passiv» vor den Fernseher setzt, sondern sich «aktiv» um seine Erholung kümmert. Massagen, Saunagänge, autogenes Training, Meditation oder auch gemütliche Spaziergänge könnten das beispielsweise sein.

Für die Erklärung, weshalb Entspannung so wichtig ist, finde ich das Prinzip der Polarität am eingängigsten. Grundlegend besagt dieses Prinzip, dass alles zwei Pole und somit einen Gegensatz hat. So wie beispielsweise Tag und Nacht, heiß und kalt oder hell und dunkel. In der Anspannung ist der Gegenpol die Entspannung. Nun kannst du dich selbst fragen, wie oft du innerhalb von 24 Stunden angespannt und wie oft du entspannt bist. Klar, genau deshalb schlafen wir ja, könnte man meinen. Doch Schlafen gilt als passive Aktivität und zählt demnach nicht. Jede Anspannung benötigt zur wirklichen Erholung dieselbe Intensität aktiver Entspannung. Den Wortstamm finde ich auch interessant. Erholen bedeutet, sich wieder zu sich zu holen – wieder bei sich zu sein.

Übertragen auf die drei Bereiche bedeutet dies, dass man nicht nur versuchen sollte, Körper, Geist und Psyche durch aktives Tun zu fördern und in Harmonie zu halten, sondern dass genauso deren Entspannung eingehalten werden muss, damit sie im Einklang zueinander stehen können.

Ein möglicher Weg, den Einklang von Körper, Geist und Psyche zu unterstützen, ist demnach die bewusste Entspannung. Stimmt die Balance zwischen Anspannung und Entspannung nicht mehr, sind wir weniger leistungsfähig und das

Immunsystem schwächelt. Einer der Gründe dafür ist, dass wir in der Anspannung immer in einem gewissen Stresszustand sind, wodurch der Körper Stresshormone wie Adrenalin und Cortisol ausschüttet. Ohne eine anschließende Entspannung kann der Körper diese Hormone nicht abbauen. Dadurch kann es leichter zu Bluthochdruck, Verdauungsproblemen, Verspannungen, chronischen Kopfschmerzen, Schlafstörungen und noch schwerwiegenderen Erkrankungen kommen.

Entspannung

Ich versuche, jeden Tag mindestens einmal eine aktive 20-Minuten-Entspannungsübung in meinen Tagesablauf zu integrieren. Wenn es irgendwie geht, dann nehme ich mir diese Zeit gleich nach dem Mittagessen.

Ebenso gebe ich darauf acht, zwischen den verschiedenen Entspannungstechniken abzuwechseln; manchmal kombiniere ich diese auch. Denn auch hier soll die Freude im Vordergrund stehen. Meine drei liebsten Entspannungsübungen sind das autogene Training, bestimmte Atemtechniken sowie die Meditation. Versuch es einfach, vielleicht wird es ja auch ein Teil deines alltäglichen Lebens!

Autogenes Training

Autogenes Training (AT) ist ein Entspannungsverfahren, das auf der Autosuggestion basiert und inzwischen weit verbreitet ist. Es gilt als wissenschaftlich bewiesen, dass AT bei verschiedensten Leiden helfen kann. Für mich ist es einfach ein wunderbares Training, um in eine Tiefenentspannung zu kommen, was mir durch und durch guttut.

Autogenes Training ist eine Art von Selbsthypnose, in die man kommt, indem man wiederholt bestimmte Formeln wie «Mein rechter Arm ist schwer» aufsagt. Diese Autosuggestion wirkt auf das vegetative Nervensystem, jenes nicht willentlich beeinflussbare System, das etwa deinen Blutdruck oder deine Atmung reguliert. Die Technik ist einfach zu lernen. Dabei habe ich das Original etwas vereinfacht und mache zwei Durchgänge à sieben Formeln. Jede Formel wiederhole ich dreimal. Ich versuche ganz tief in den Bauch zu atmen und spreche die Formel innerlich zu mir. Wenn ich die Formel ausspreche, konzentriere ich mich voll und ganz auf das Gefühl im jeweiligen Körperteil.

Anleitung für die sieben Grundformeln:

1. «Ich bin ruhig. Ich bin ganz ruhig.»
2. «Mein rechter Arm ist schwer.»
3. «Mein linker Arm ist schwer.»
4. «Mein rechtes Bein ist schwer.»
5. «Mein linkes Bein ist schwer.»
6. «Mein Kopf ist schwer.»
7. «Mein Bauch ist schwer.»

Danach wiederholst du die Formeln mit der Autosuggestion der «Wärme». Erneut je dreimal und ohne Unterbrechung:

1. «Ich bin ruhig. Ich bin ganz ruhig.»
2. «Mein rechter Arm ist warm.»
3. «Mein linker Arm ist warm.»
4. «Mein rechtes Bein ist warm.»
5. «Mein linkes Bein ist warm.»
6. «Mein Kopf ist warm.»
7. «Mein Bauch ist warm.»

Wie fühlst du dich nach diesem Training? Es ist übrigens ganz normal, wenn anfangs die gewünschte Empfindung ausbleibt. Bleib dran und übe regelmäßig mindestens dreimal die

Woche. Du wirst sehen, dass sich die gewünschte Wirkung schon nach kurzer Zeit einstellen wird.

Atemtechnik

Atemtechniken helfen auf einfache und effektive Weise, die negativen Folgen des oberflächlichen Atmens abzubauen und Entspannung zu erleben. Die Atmung ist zwar ein automatischer Vorgang, doch er wird von Gedanken und Gefühlen beeinflusst. Beispielsweise atmen wir bei Stress, Bewegungsmangel und Fehlhaltungen eingeschränkt, was negative Zweitfolgen mit sich bringen kann.

Atemgymnastik trainiert die bewusste Wahrnehmung des Atems. Das wirkt sich positiv auf die gesamte Atemfunktion aus und führt zu einer besseren Sauerstoffversorgung. Mit dem natürlichen Atemrhythmus gleicht sich auch die Körperspannung aus. Auch hierzu gibt es verschiedene Übungen, die man im Internet finden oder auch unter professioneller Anleitung in einem Studio erlernen kann. Die Atmung bewusst wahrzunehmen ist jeweils die Grundlage. Dabei wird zwischen Ein- und Ausatmen unterschieden, wobei beides eine unterschiedliche Bedeutung aufweist:

- Das Einatmen als Anspannung – Energiegeber, aktiver Part.
- Das Ausatmen als Entspannung – Ruhe, Ankommen, passiver Part.

Atemübungen:

- **Ausatmen mit Zählen:** Bei jedem Ausatmen zählen (1 bis 10 und wiederholen oder schwierigere Zahlenfolgen, z. B. Dreierreihe rückwärts von 300). Diese Übung stärkt die Präsenz und kann einem ein Gefühl von Freiheit und Gelassenheit geben.

- **Das Ausatmen mit DU ansprechen:** Sprich laut «Du» beim Ausatmen aus. Diese Übung kann eine vertiefte Entspannung ermöglichen und zudem die Wahrnehmung des eigenen Atems stärken.
- **Das Einatmen mit JA ansprechen:** Sag «Ja» (zu dir selbst) beim Einatmen. Diese Übung wirkt stark anregend und energetisierend. Bei dieser Variante wird ein grundlegendes Einverständnis geweckt und bestärkt.

Die DU- und die JA-Übung lassen sich auch mit der «Kreisatmung» verbinden. Dabei stellt man sich seinen Atem als Kreis vor, der sich in einem Fluss bewegt – unter Einbezug der Natur und des eigenen Körpers. Man kann sich die Atemenergie entweder von oben am Kopfscheitel beginnend durch den ganzen Körper fließend oder auch von den Füßen nach oben fließend vorstellen.

Meditation

Meditation ist eine jahrtausendealte Methode zur Entspannung mittels Achtsamkeits- und Konzentrationsübungen. Meditieren und Achtsamkeitsübungen wirken sich positiv auf unseren ganzen Körper aus. Wir können besser mit Stress umgehen, erleben innere Ruhe und Ausgeglichenheit. Diese Faktoren beeinflussen wiederum verschiedenste Körperfunktionen und unser Immunsystem. Meditationsformen haben jedoch nicht das Ziel, etwas zu erreichen, sondern sind vielmehr eine Unterstützung, um den Moment leichter wahrnehmen zu können. Was immer ist, ist, und was immer geschieht, geschieht.

Grundsätzlich wird empfohlen, in einer guten Sitzhaltung zu meditieren, zum Beispiel im Schneidersitz oder mit einem unterstützenden Meditationskissen oder -bänklein. Für gewisse Meditationen eignet sich auch eine liegende Position. Allerdings ist die Wahrscheinlichkeit, währenddessen einzuschlafen, nicht zu unterschätzen. Meditation im Gehen ist eine weitere mögliche Form. Ein Meditationslauf dauert etwa zwanzig Minuten.

Ich bin nun seit gut zehn Jahren in einer Meditationsgruppe beim bekannten Meditationslehrer Peter Wild, der zu diesem Thema auch verschiedene Bücher geschrieben hat. Bei ihm sind die Grundlagen immer gleich aufgebaut. Wir beginnen jeweils mit einer Meditation im Sitzen von etwa zwanzig Minuten, gefolgt von einer Meditation im Gehen von etwa zehn Minuten, bis wir den Dreiklang mit einer nochmals zwanzigminütigen Sitzmeditation beenden. Die erste Meditation beginnen wir jeweils mit der Körperwahrnehmung, die meist als «Body Scan» bezeichnet wird. Die Anleitung hierzu lautet wie folgt:

- **Body Scan:** Versuch eine möglichst angenehme Sitzposition zu finden, in der du dich in einer gleichwohl entspannten wie auch achtsamen und aufrechten Position befindest. Fokussiere nun deine Finger und wandere dann mit deiner Aufmerksamkeit langsam durch deine Hände und Arme. Nun gleitest du langsam über deinen Rücken bis zu den Beinen und schließlich zu den Füßen. Von dort aus wandert deine Aufmerksamkeit über deine Körpervorderseite hinweg nach oben. Versuch alle Körperteile wahrzunehmen, bis du über dein Gesicht an den Scheitelpunkt kommst. Bei mir dauert diese Übung etwa zehn Minuten. Du wirst merken, dass dir der Body Scan gleichwohl Ruhe wie auch Achtsamkeit gibt.

Eine meiner liebsten Meditationen ist die «Wahrnehmungsmeditation», die ich ebenfalls bei Peter Wild gelernt habe:

- Nimm achtsam wahr, welche Landschaften dir beim Einatmen entgegenkommen und welche wiederum beim Ausatmen. Versuch dann, bei einer Landschaft zu bleiben und das Empfinden zu behalten. Diese Meditation kann man auch gut mit Farben, Elementen oder Menschen kombinieren.

Unsere Meditationsabende oder -wochenenden unterliegen immer einem konkreten Thema. Vor einer Meditation oder auch zwischen mehreren Dreiklängen wird über dieses Thema diskutiert. Besonders wertvoll empfinde ich die vielen Hintergrundinformationen, die wir von Peter Wild erfahren.

Es ist mir wichtig, an dieser Stelle anzumerken, dass es selbstverständlich noch viele weitere Formen der Meditation gibt.

Tipp: Folgende Entspannungstechniken kann ich mit gutem Gewissen empfehlen:
- Yoga,
- Tai-Chi,
- Qigong,
- die Feldenkrais-Methode.

Konklusion
Die Erfahrung, dass wir aus drei Bereichen, dem Körper, der Psyche und dem Geist bestehen, diese jedoch fest zusammengehören und sich gegenseitig beeinflussen, empfinde ich als sehr wertvoll. Selbstverständlich benötigt jeder der drei Bereiche eine individuelle, sorgsame Pflege; doch bei der Entspannung kommt alles zusammen. Und genau darum geht es in der Wahrnehmung von uns als dreidimensionalen Menschen. Durch Entspannung schließt sich der Kreis und es fühlt sich rund an.

«Können Wunder geschehen?»

Der Befund der Ärzte traf mich wie ein Blitz – Asthma!

Natürlich hatte ich es über die vergangenen Monate immer stärker gemerkt. Ich wurde bei den Fußballspielen spätestens in der Halbzeit ausgewechselt oder war gar nicht mehr in die Startelf einberufen worden. Auch im Leichtathletikverein und im Tennisclub wurde es im Training und vor allem bei Wettkämpfen immer schwieriger. Der Gang zum Doktor war unvermeidlich. Dabei hoffte ich, dass es nur etwas Vorübergehendes sein würde. Doch Asthma ist eine chronische Erkrankung. Die Bronchien sind verengt und das Atmen fällt mit jeder Anstrengung schwerer als ohnehin bereits.

Wie mir der Doktor erklärte, sei der Grund dafür das Anschwellen der Schleimhaut in den Bronchien. Weiter sagte er, dass es verschiedene Gründe dafür geben könne. Oft sei es wegen einer Allergie oder einer chronischen Entzündung. Es könne jedoch auch eine Reaktion auf irgendwelche Reizstoffe sein. Weil es so akut sei, müsse ich alle sportlichen Aktivitäten sofort einstellen. Zudem solle ich auch sonst möglichst keinen Belastungen ausgesetzt sein und so oft wie möglich zur Kur in die Berge fahren.

Ich war am Boden zerstört. Sport war meine große Liebe. Ich hatte jede freie Minute über die letzten Jahre dem Sport gewidmet und konnte mir ein Leben ohne Sport schlicht und einfach nicht vorstellen. Zum ersten Mal merkte ich, was für einen enormen Stellenwert die eigene Gesundheit hat.

Es war das schwerste Gespräch, das ich bis dahin wohl überhaupt geführt hatte, als ich meinem Fußballtrainer sagen musste, dass ich nicht mehr spielen konnte. Ich haderte und hatte richtig Mühe, diesen Schlag einzuordnen oder gar zu akzeptieren. Zum Glück hatte ich noch meine Bücher; ich verkroch mich in meinem Zimmer und las.

Ich merkte immer stärker, wie ich den Sport vermisste. Ich bin ein Bewegungsmensch, das kann man nicht einfach abstellen! Ich versuchte alles, was empfohlen wurde, umzusetzen. Ich nahm die Medikamente und ging mit meinen Eltern so oft es ging in die Höhe. Wir waren auf der Rigi und in Davos gewesen und planten bereits die Frühlingsferien in einem weiteren Kurort.

Eine meiner Vertrauenspersonen war in meiner Kindheit und Jugend mein Großvater gewesen. Meine Großmutter hatte ein zweites Mal geheiratet und diesen Mann hatte ich wirklich in mein Herz geschlossen. Und auch wenn es nicht mein leiblicher Großvater war, emotional war er es ganz bestimmt.

Er war ein stattlicher Mann, 1,88 Meter groß und mit einem unglaublichen Bass in der Stimme gesegnet. Außerdem war er evangelisch-methodistischer Pfarrer.

Ich hatte den vollen Respekt vor ihm, gleichzeitig verspürte ich große Bewunderung. Es schien, als kannte er jede und jeden im ganzen Land und alle kannten ihn. Egal wo wir auch waren, es dauerte nie lange und er war in ein Gespräch verwickelt. Er hatte ein enormes Beziehungsnetz und war sogar mit zweien der damaligen Bundesräte per Du.

Vieles, was ich zum ersten Mal erlebte, fand mit ihm statt. Mein erster Kinobesuch als kleiner Junge und dann mein erstes Fußballmatch im Letzigrund-Stadion. Ich werde nie vergessen, wie er mir eine Fanflagge des FC Zürich kaufte und ich diese mit stolzgeschwellter Brust während des ganzen Spiels unaufhörlich schwenkte.

Spiritualität

Aufgewachsen in einem Dorf etwa 20 Kilometer von Zürich entfernt, wurde ich sehr schnell von allen Seiten in die christlichen Traditionen eingeführt. Das hatte sicher auch damit zu tun, dass meine Tante eine Nonne im Kloster Appenzell war und mein Onkel Pfarrer in Zürich. Zudem ist Egg noch heute ein ziemlich bedeutender Wallfahrtsort, was wir schon früh in unserem Religionsunterricht zu lernen hatten.

Ich hatte eigentlich immer einen unaufgeregten Bezug zur Kirche. Ich fand die Geschichten spannend und schätzte es, dass es drinnen im Winter angenehm warm und im Sommer schön kühl war. Ja, und gesungen habe ich auch immer sehr gerne. Nur dass es keine Songs aus der Hitparade sein durften, verstand ich nicht wirklich ...

Meinen Zugang zur Spiritualität fand ich jedoch über meinen Großvater. Wahrscheinlich, weil er einfach offen und liberal war und mir sehr viel darüber erzählte. Mich faszinierten vor allem die Weltreligionen, und so führte er mich in die ökumenischen Grundlagen ein. Er nahm mich mit zu einem Gottesdienst, bei dem ein islamischer, ein jüdischer und ein christlicher Geistlicher zusammen die Messe abhielten. Und als er mir dann auch noch von Buddha und vom Hinduismus erzählte, war mein Wissensdurst so richtig entfacht.

Er erklärte mir, dass der Begriff «Ökumene» aus dem Griechischen abgeleitet wurde und so viel bedeute wie «die ganze bewohnte Erde». Der konfessionsübergreifende Gottesdienst sei ein wichtiger Teil davon. Seine Grundhaltung, dass alle Menschen, egal welcher Nation, Hautfarbe oder Religion zugehörig, vollkommen gleichberechtigt sind, prägt mich bis heute. Wir sind alle eins!

Ja, mein Großvater war ein wichtiger Einfluss in meinem Leben, worüber ich überaus dankbar bin. Vermutlich liegt es auch an den vielen Gesprächen mit ihm, dass ich immer gern in Kirchen gegangen bin, aber genauso gern in Moscheen, Synagogen und Tempel.

Als meine Eltern meinem Großvater von meiner Asthmaerkrankung erzählten, hörte er erst sehr interessiert zu. Ich saß einfach da und merkte, wie sich meine Lunge wieder zusammenzog. Als meine Eltern dann auch noch sagten, dass es scheinbar einen berühmten Spezialisten in Deutschland gäbe und sie nun am Planen seien, wie wir einen Besuch organisieren könnten, intervenierte er.

Bevor wir das angingen, hätte er noch eine andere Idee. Am 3. Februar werde der Blasiussegen in unserer Wallfahrtskirche erteilt, das könne helfen. Er erzählte uns, dass Blasius im 3. Jahrhundert in Sebaste, der Hauptstadt der römischen Provinz Kleinarmenien in der heutigen Türkei, lebte. Zuerst sei er Arzt gewesen, er wurde jedoch aufgrund seiner unermüdlichen Hilfsbereitschaft zum Bischof geweiht. Der Segen solle vor allem bei Halskrankheiten helfen, doch die Lungen gehörten da ja irgendwie auch dazu. Obwohl meine Eltern sich zu jener Zeit stärker für den Buddhismus als für das Christentum interessierten, fanden sie es eine gute Idee.

Die Prozedur

Es waren etwa hundert Personen, die sich zur vorgegebenen Zeit auf dem Dorfplatz von Egg trafen und dann aus zeremoniellen Gründen gemeinsam den zehnminütigen Weg zur Katholischen Kirche St. Antonius beschritten. Die Kirche war festlich geschmückt worden. Ich empfand die Stimmung sowohl freudvoll wie auch ehrfürchtig.

Beim Blasiussegen werden zwei gekreuzte Kerzen vor den zu heilenden Hals gehalten, woraufhin der Kranke den Segen nachsprechen soll. Ich fand das schon sehr eigenartig und hatte sogar ein wenig Angst. Vielleicht hatte ich Sorge, dass meine Haare oder die Jacke Feuer fangen könnten? Starke Zweifel überkamen mich und ich fragte mich ernsthaft, was das alles soll. Ich hatte eine Woche zuvor ein Abenteuerbuch gelesen, in dem Forscher in Haiti eine eher unliebsame Bekanntschaft mit Voodoo gemacht hatten. Diese Bilder kamen plötzlich wieder hoch und ich wurde immer unruhiger.

Nun merkte ich, wie sich meine Lunge wieder stark verkrampfte und ich fast keine Luft bekam. Ich fasste nach der Hand meines Großvaters und zog mich ganz nah an ihn heran. Doch ich konnte es nicht aushalten. Die Bilder in meinem Kopf, die Stimmung in dieser Kirche, meine Atemnot – ich bekam Platzangst. «Ich schaffe das nicht, ich muss hier raus.» Mein Großvater stand auf und zog mich durch die Seitentür an die frische Luft.

Es war kalt und es hatte zu schneien begonnen. Ich setzte mich auf eine Bank und verbarg mein Gesicht hinter meinen Händen. «Ich bekomme keine Luft ... Ich habe diese Bilder vor meinen Augen ...», sagte ich, ohne mein Gesicht freizugeben.

«Ich bin bei dir. Es ist ganz normal, dass dir diese Prozedur eigenartig vorkommt, du kennst sie ja nicht. Ich hätte dich besser vorbereiten sollen.»

Seine tiefe Stimme beruhigte mich ein wenig und ich konnte ihm nun in die Augen schauen. Nun war es mir peinlich und ich hatte das Gefühl, dass ich ihn enttäuschte. Dieses Gefühl empfand ich nun sogar als noch schlimmer als jenes, welches ich noch vor drei Minuten in der Kirche gehabt hatte ... Wahrscheinlich merkte er das, denn er sprach weiter mit seiner tiefen, beruhigenden Stimme: «Du brauchst dich nicht zu schämen. Einen solchen Segen zu bekommen ist eine große Sache und vielleicht ist es einfach noch etwas zu früh für dich. Im nächsten Jahr wird es auch wieder einen solchen Tag geben. Wenn es dir lieber ist, gehen wir jetzt nach Hause.»

Ich schaute ihn wortlos an und war hin- und hergerissen. Das sind diese Momente im Leben, in denen es einen Entschluss braucht, man jedoch am liebsten im Boden versinken würde.

«Ich möchte dableiben und den Segen erhalten», sprach es aus mir heraus.

Zurück in der Kirche waren die letzten Personen in einer Reihe vor dem Pfarrer. Ohne dass wir uns noch einmal hinsetzten, führte mich mein Großvater zu den anstehenden Personen. Es dauerte keine zwei Minuten, und dann kam ich an die Reihe. Die zwei Kerzen wurden auf Höhe meines Halses gekreuzt und der Segen wurde laut ausgesprochen. Es wurde mir schwarz vor Augen, ich atmete sehr schnell. Zum Glück hielt mich mein Großvater noch immer an der Hand. Ich weiß nicht, ob ich sonst hätte stehen können.

Daraufhin setzten wir uns wieder hin und lauschten den Gebeten des Pfarrers. Mir war noch immer schwindlig und auch meine Atemnot blieb. Doch irgendwie hatte ich das Gefühl, dass es okay war, hierzubleiben. Und ich hatte ja meinen Großvater, dessen Hand ich einfach nicht mehr loslassen würde.

Der nächste Morgen

Als ich am nächsten Morgen aufwachte, merkte ich, dass ich ein bis dahin unbekanntes freies Gefühl in der Lunge spürte. Mir fiel direkt auf, dass ich absolut frei atmen konnte.

Das kann doch nicht wahr sein, dachte ich. Ich stand auf, ging ein paar Schritte, doch das befreite Gefühl blieb. Kein schweres Atmen, kein Husten, kein Druck auf der Lunge ... Wie war das nur möglich?

Es überkam mich eine riesige Freude. Ich begann zu hüpfen und schrie plötzlich ganz laut: «Ich bin gesund! Ich bin gesund!»

Meine Eltern und mein Bruder waren bereits beim Frühstück und kamen sogleich angerannt. Sie glaubten wahrscheinlich, dass ich wieder einen heftigen Asthmaanfall hatte. Doch genau das Gegenteil war der Fall: Ich war gesund! Über Nacht geheilt! Unglaublich! Ich konnte es fast nicht erwarten, meinem Fußballtrainer zu erzählen, dass ich nun wieder dabei sei. Er fand es zwar höchst eigenartig, dass ich die anschließenden Leistungstests allesamt mit Bravour bestand, doch am darauffolgenden Wochenende stand ich wieder für das Meisterschaftsspiel in der Startelf – und konnte ab dann jedes Match durchspielen.

Wunder geschehen, ich habe es selbst erlebt. Wie es passiert ist oder weshalb, kann ich mir nicht erklären. Aber vielleicht ist es auch ganz gut so. Auf alle Fälle hatte ich seit diesem Morgen nie mehr einen Asthmaanfall.

Der Mensch ist ein dreidimensionales Wesen und doch ist alles ganz fest miteinander verbunden. Ich weiß nicht, ob ich das Prinzip «Körper, Psyche und Geist» gänzlich verstanden habe, da ich mir den Geist noch immer nicht erklären kann. Doch vielleicht geschehen genau hier die Wunder – wer weiß?

ABC

Wie du Verständnis für dein Handeln erlangst

Was beeinflusst unser Verhalten? Sind es ausschließlich die Ereignisse und Umstände, mit denen wir tagtäglich konfrontiert werden?

Vor weit über 2000 Jahren verfasste der griechische Philosoph Epiktet das Zitat:

> *«Nicht die Dinge selbst beunruhigen die Menschen, sondern die Meinungen und Urteile über die Dinge.»*[5]

Oder wie es Stephen Covey in Anlehnung an Viktor Frankl formuliert:

> *«Zwischen Reiz und Reaktion liegt ein Raum. In diesem Raum liegt unsere Macht zur Wahl unserer Reaktion. In unserer Reaktion liegen unsere Entwicklung und unsere Freiheit.»*[6]

Vielleicht ist das die größte Freiheit des Menschen überhaupt? Wie wir denken und welche Bewertung wir all den Ereignissen geben, die wir tagtäglich erleben? Umgangssprachlich nennen wir es oft die eigene Beurteilung oder Interpretation.

Beim Interpretieren stellen wir das Ereignis uns bekannten Gegebenheiten und Mustern gegenüber, um dann zu versuchen, es zu deuten. Dieser Vorgang läuft superschnell und

---

5 Epiktet: Handbüchlein der Moral. Übersetzt und herausgegeben von Kurt Steinmann. Stuttgart 1992, S. 11.

6 Pattakos, Alex: Prisoners of Our Thoughts. New York 2010, S. 6.

meist über unser Unterbewusstsein ab. Dabei birgt dieser Vorgang auch zwei elementare Risiken. Etwa, dass wir nur auf der Basis interpretieren können, die uns bereits bekannt ist. Und selbstverständlich wissen wir nur einen Bruchteil von dem, was wirklich ist. Zudem befinden wir uns auch immer in einer Emotionalität. Und je nachdem, wie stark gerade diese Emotionalität ist, beeinflusst sie die eigene Interpretation. Das kann sehr schnell zu einer verzerrten Wahrheit führen und demzufolge auch unser Verhalten prägen.

Das ABC-Modell

Bereits 1962 hat der Psychologe Albert Ellis die ersten Ausführungen des ABC-Modells herausgegeben. Durch die Lehre der Positiven Psychologie wurde dieses Modell nun noch bekannter. Es zeigt auf einfache Art und Weise, wie sich unsere Überzeugungen und Interpretationen von Situationen maßgebend auf unser Verhalten auswirken.

Tagtäglich werden wir mit Gegebenheiten, Situationen und Umständen konfrontiert. In diesem Modell werden diese als «aktivierendes Ereignis» bezeichnet. Dabei können diese Ereignisse als interner oder externer Reiz wahrgenommen werden. Das können Widrigkeiten, Streit oder Herausforderungen sein. Im englischen Originaltext werden diese als «**A**ctivation event» bezeichnet. Wir können wohl gar nicht anders, als diesen Reiz zu bewerten. Die Beurteilung oder die Interpretation basieren auf unseren Überzeugungen und Annahmen (**B**eliefs). **B** steht somit für unsere Überzeugungen, die auch die Bewertung des Reizes beinhalten.

Die Gegebenheiten, Situationen, Umstände haben Konsequenzen auf unsere Reaktionen – sprich unser Verhalten. Dies sind die «**C**onsequences». Reize lösen Reaktionen aus. So führt zum Beispiel ein Verlust oftmals zu Trauer oder ein

Streit entlädt sich in Frustration und Ärger. Es macht also Sinn anzunehmen, **A** erzeuge **C**.

Albert Ellis setzt dagegen, dass in diesem Reiz-Reaktions-Schema die Bewertung besonders stark wirkt. Diese läuft sehr schnell und oftmals unbewusst ab, sodass wir sie nicht bedenken oder gar wahrnehmen. Nun sind jedoch alle Menschen verschieden und jeder Mensch kommt bei der «Bewertung» eines Umstandes zu einem anderen Ergebnis. Wäre dies nicht so, dann würde auf einen Reiz direkt eine Reaktion folgen und alle Menschen würden auf den gleichen Reiz gleich reagieren. Doch das tun sie nicht. Und genau aus diesem Grund ist es wichtig, das eigene ABC-Schema zu kennen. Denn so schaffen wir es, Denkfallen zu entlarven, festgefahrene Muster und Verhaltensweisen zu ändern und uns generell zu stärken.

Das ABC-Modell ist somit eine Technik, die dabei hilft, Probleme nicht nur zu verstehen, sondern sie auch im Sinne der eigenen Verhaltensweise zu lösen. Mit dem Modell trainiert man zudem die Selbstreflexion. Mit dieser Kompetenz lässt es sich besser mit Krisen und Herausforderungen umgehen und diese können stressfreier bewältigt werden. Last but not least trainiert man mit dem ABC-Modell sein eigenes Denken, Fühlen und Handeln und lernt sich somit besser kennen.

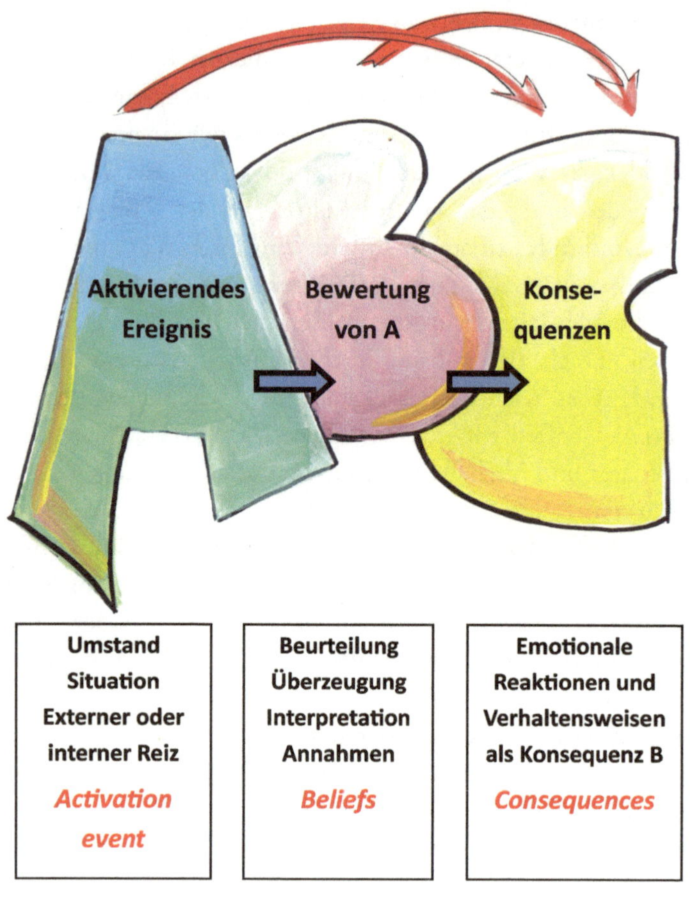

Anwendung im Alltag
Hilfreich ist das ABC-Modell vor allem dann, wenn du Situationen erkennst, in denen du immer wieder ähnlich kontraproduktiv reagierst. Probier es sogleich einmal aus. Du kannst dies entweder mit einem Blatt Papier und einem Stift oder mit einem digitalen Gerät machen.

Erinnere dich dafür an eine schwierige Situation, mit der du nicht so umgegangen bist, wie du es im Nachhinein als sinnvoll erachtet hättest. Für diese Übung ist es empfehlenswert, wenn du eine Situation wählst, die noch nicht so lange zurückliegt. Erstell nun ein **ABC-Schema:** Notier dabei in die Tabelle unter **A** die jeweilige Situation. Versuch möglichst genau zu sein. Wer hat was wann und wie gemacht? Wichtig ist, dass du möglichst wertfrei bleibst. Schreib nun in die dritte Spalte unter **C** das effektive Resultat. Was war die Konsequenz? Wie sahen danach deine Emotionen und dein Verhalten aus? Es ist hilfreich, wenn man die Intensität der eigenen Gefühle, zum Beispiel mit einer Skalierung von 0 (ganz wenig) bis 10 (überaus heftig), notiert.

Als Letztes widme dich nun der Spalte **B.** Was genau hat dich zu **C** geführt? Was waren deine Bewertungen von **A**? Was ging dir dabei konkret durch den Kopf?

Wenn du diese Übung nun mit mehreren Situationen durcharbeitest, ist es das Ziel, dass du deine Bewertungen identifizieren kannst. Bewertungen sind einer der großen Schlüssel für angelegte Muster, die wiederum dein Verhalten beeinflussen.

Häufig kommt es vor, dass man aufgrund einer tiefen Unsicherheit oder gar Angst bewertet. Zum Beispiel nimmt man bereits im Vorhinein an, dass es jedes Mal, wenn man einer bestimmten Person begegnet, einen Streit geben wird. Oder dass ich bei Vollmond nicht gut schlafen kann oder vielleicht auch, dass, wenn ich Zug fahre, mit Sicherheit in einem Abteil sitzen werde, wo es ausschließlich unfreundliche, griesgrämige Menschen geben wird.

Wenn man es nun schafft, diese Gedanken und Bewertungen zu identifizieren, kann man es auch schaffen, diese durch neue Gedanken und Bewertungen zu ersetzen. Je nach Heftigkeit und Häufigkeit ist auch hier eine professionelle Unterstützung hilfreich. Diese Unterstützung könnte durch einen Coach oder Mentor erfolgen.

Tipp 1: Wenn du dich nun an das Ersetzen von alten und für dich unpassenden Bewertungen gemacht hast, empfehle ich dir, deine neuen Verhaltensweisen und/oder dein neues Denkmuster aufzuschreiben. Dabei ist ein guter Tipp, diese auf Post-it-Zettel zu schreiben, damit sie nicht in Vergessenheit geraten. Diese wiederum klebst du an für dich möglichst sichtbare Orte, damit du ihnen in deinem Alltag oft begegnest. Das kann an deinem Bildschirm sein wie auch im Bad am Spiegel oder in der Küche an der Kaffeemaschine. Schau dabei, dass du deine überarbeiteten Verhaltensweisen oder Denkmuster in einer ABC-Systematik aufschreibst.

Tipp 2: Eine weitere für mich äußerst wirksame Möglichkeit, das Vorgenommene zu behalten, stellt das Embodiment dar.[7] Ich habe dies nach der Lehre von Maya Storch von dieser persönlich an der Universität Zürich lernen dürfen. Embodiment ist eine Herangehensweise aus der neueren Kognitionswissenschaft. In dieser geht man davon aus, dass Bewusstsein auch immer einen Körper benötigt, also eine physische Interaktion voraussetzt. In unserem Kontext bedeutet das, dass man seine «neuen» Verhaltensweisen/Denkmuster durch eine körperlich bewusste Aktion unterstützt. Hierzu kann man seine ganze Kreativität einsetzen. Alles, was man sich vorstellen kann, ist möglich. Selbstverständlich muss es zu einem passen und in den jeweiligen Situationen auch angewandt werden können. Ziel ist, jedes Mal das Embodiment

---

7 Storch, Maja/Tschacher, Wolfgang/Hüther, Gerald/Cantieni, Benita: Embodiment. 4., überarbeitete Auflage, Bern 2022.

zu vollführen, wenn eine Situation «A» eintritt. Hierdurch wird die vorgenommene Verhaltensweise oder das Denkmuster, das man sich in einer solchen Situation wünscht, körperlich unterstützt. Das können kleine Körperaktionen sein oder auch größere Bewegungen, die immer genau gleich ausgeführt werden. Mein Embodiment ist z. B., dass ich meine rechte Hand zu einer Faust balle und mit den beiden Fingergelenken des Zeige- und Mittelfingers meine rechte Schläfe zweimal antippe. Das kann man so diskret machen, dass es auch in von Menschen stark frequentierten Situationen niemandem auffällt. Für mich hat es jedes Mal einen wunderbaren Effekt, weil ich mich sogleich ganz bewusst an mein Verhalten erinnere und ich damit die jeweilige Situation mit meiner Denkweise so beeinflusse und steuere, wie ich es mir vorgenommen habe.

«Schwarzgeld und Tattoos in Rangun»

«Bei der Einreise in die Republik der Union Myanmar müssen Sie zwingend einen Mindestbetrag, zum jeweiligen Tageskurs, in die neu eingeführte Touristenwährung FEC (Foreign Exchange Currency) wechseln. Touristen ist das Wechseln in die Landeswährung Kyat (MMK) nicht erlaubt.»

Ungläubig las ich diesen Satz immer wieder, während ich schwitzend im Café meines Backpacker-Hostels in der Khao San Road in Bangkok saß. Ich fand schnell heraus, dass der Wechselkurs dieses Touristengeldes fünfundzwanzigmal tiefer lag als jener, Dollars in die Landeswährung umzutauschen. Ich hatte ein schmales Budget und wusste, dass ich mir mit diesem Wechselkurs die Reise durch Burma nicht leisten wollte. Auf der anderen Seite waren die Grenzen zum nun umbenannten Myanmar erst kürzlich für Touristen geöffnet worden. Somit hatten wir die Chance, zu den mitunter ersten Westlern zu gehören, die das Land legal bereisten.

Khao San Road

Ich hatte mich hier in Bangkok mit zwei Freundinnen verabredet, um dann gemeinsam die Reise durch Burma machen zu können. Es blieb mir noch ein Tag, bevor die beiden hier in Thailand landen würden.

Das großartige an der Khao San Road war, dass man so ziemlich alles in Erfahrung bringen konnte, was im weitesten Sinne mit Rucksackreisen zu tun hatte. Mein Plan war, herauszufinden, ob man die Touristenwährung irgendwie umgehen konnte.

Es dauerte tatsächlich nicht lange, bis mir ein australischer Backpacker erzählte, dass er von einem florierenden Schwarzmarkt in der Hauptstadt Rangun gehört hätte und dass man scheinbar ziemlich problemlos die lokale Währung im ganzen

Land nutzen könne. Er selbst sei noch nicht da gewesen und könne es deshalb nicht mit Sicherheit bestätigen.

Kurz danach lernte ich zwei überaus humorvolle Frauen kennen, die aus Israel kamen. Und auch sie erzählten mir, dass sie von diesem Schwarzmarkt gehört hätten. So ging es den ganzen Nachmittag und Abend weiter. Doch nicht einen Menschen lernte ich kennen, der tatsächlich schon im Land war. Alle hatten fantastische Geschichten gehört über wunderbare Tempelanlagen, faszinierende Landschaften, gastfreundliche Menschen, feinstes Essen – und eben den Schwarzmarkt für die Lokalwährung Kyat in Rangun.

Nun gut, dachte ich mir, wenn das *alle* erzählen, dann wird es wohl so sein. Und mit diesen Informationen konfrontierte ich dann auch meine beiden Freundinnen, als wir nach deren Ankunft auf der wunderbaren Terrasse eines Restaurants saßen; mit herrlichem Blick auf den Chao-Phraya-Fluss. Wir diskutierten den ganzen Abend über unsere anstehende Reise, fassten Alternativen wie Laos und Kambodscha in Betracht und redeten über Sinn und Unsinn einer Rucksackreise im Generellen.

Und irgendwann war es uns allen klar: Wir wollten die Reise nach Burma wagen.

Rangun

Wir kamen an einem schwülheißen Nachmittag am Flughafen Rangun an und nahmen uns, beduselt von den hohen Temperaturen, ein Taxi.

Wie in den meisten Ländern sind Taxifahrer großartige Informationsquellen. Und so war es auch an diesem Sommertag auf der etwa einstündigen Fahrt ins Stadtzentrum. Wie kommen wir an die lokale Währung? Wo können wir mit dieser bezahlen? Unser Taxifahrer hatte tatsächlich einen Freund, dieser wiederum kannte jemanden, der uns die lokale

Währung gegen Dollar zum offiziellen Tageskurs wechseln würde.

Dass wir uns mit dieser naiven, geradezu leichtsinnigen Zusicherung in eine ziemlich furchteinflößende und gefährliche Situation bringen würden, war uns in dem Augenblick nicht bewusst; vielleicht hatten wir es auch einfach ausgeblendet ...

Vier Männer

Die Abmachung war, dass uns das Geld noch an demselben Tag im Hotelzimmer um 20 Uhr übergeben werden sollte. Ich solle zwanzig Minuten vorher im Café auf der Hotelterrasse nach vier Männern mit Sonnenbrillen Ausschau halten.

Vom Gedanken verfolgt, dass dies wohl eine gewisse Spannung mit sich bringen würde, ging ich auf die Terrasse. Als ich schon von Weitem die vier Männer sah, stockte mir der Atem. Vier Typen, muskelbepackt und übersät mit Tätowierungen. Intuitiv bog ich ab und setzte mich an einen freien Tisch. Ich merkte, wie mir das Blut in den Kopf schoss und der Puls raste. «Serge, was machst du hier, bist du noch bei Sinnen», meldete sich meine innere Stimme. Ich versuchte meine Gedanken zu sortieren. Dass ich diese vier Typen nun in das Hotelzimmer mitnähme, wo meine beiden Freundinnen warteten, empfand ich als ziemlich verrückt. Es vergingen keine dreißig Sekunden und ich kehrte geradewegs zurück ins Hotelzimmer.

Als wir noch in Bangkok waren, hörten wir, dass der Schwarzmarkt in Rangun anscheinend von kriminellen Banden kontrolliert würde. Wir glaubten jedoch nicht wirklich daran. Der Anblick der vier Männer hatte mir, so glaubte ich, diese Theorie nun bestätigt.

Wir diskutierten im Zimmer und malten uns die schrecklichsten Szenarien aus, was die vier mit uns, nachdem wir das

Geld ausbezahlt hätten, wohl machen würden. Vielleicht weil wir unter Zeitdruck standen, vielleicht weil wir das Abenteuer suchten, vielleicht weil niemand von uns dreien den Feigling markieren wollte, entschieden wir uns, dass wir die Sache dennoch durchziehen wollten.

Ohne ein Wort zu sagen, standen die vier Männer auf und folgten mir. «Ruhig bleiben, Serge ... Bleib ruhig ...», sprach ich mir zu, als wir die Treppe des Hotels zusammen hochstiegen.

Why worry

Mein Adrenalinspiegel schoss weiter in die Höhe, als der offensichtliche Anführer in das Hotelzimmer meiner Freundinnen trat und mit einer überaus tiefen Stimme sagte: «Oh, very pretty ladys. Okay, give me the money.»

Sie hatten sich formiert; zwei von ihnen standen nun vor dem Zimmer und einer hinter dem Anführer mit einer schwarzen Tasche. Wir hatten uns auf je 250 US-Dollar geeinigt, womit ich ihm die 750 Dollar überreichte. Ohne ein Wort zu sagen, übergab er die Scheine dem Mann mit der schwarzen Tasche. Da der Betrag abgemacht war, gab er uns, wiederum wortlos, einen großen Stapel Scheine. Nun waren wir an der Reihe und legten die Scheine in mehreren kleineren Stapeln auf das Bett. Mir schoss der Schweiß immer stärker aus so ziemlich jeder Pore. Ein Bett voller Geldscheine, meine beiden Freundinnen, die wie wild am Zählen der Kyat waren, und vier Typen wie aus einem billigen Thai-Action-Movie.

Und ich, ich stand einfach da und konnte mich vor Anspannung nicht bewegen.

Nach einer gefühlten Ewigkeit sagte Lillian, dass der Betrag korrekt sei. Somit hatten wir nun tatsächlich fünfundzwanzigmal mehr Kyat, als wenn wir auf die Bank gegangen wären.

«It's okay – you can go now», stotterte ich.

Der Anführer kam einen Schritt auf mich zu, schaute mich mit seinen unglaublich dunklen Augen an und blieb regungslos ein paar Sekunden lang stehen. Dann reichte er mir die Hand, fing an zu grinsen und sagte: «You are like all the other tourists – why worry?»

Weiche Knie

Wir benötigten an diesem Abend noch gut eine Stunde, bis wir uns von dem Erlebnis erholt hatten. Und auch dann noch hatte ich weiche Knie, als wir die Treppe hinuntergingen, an der Terrasse vorbei, ins kleine Restaurant auf der anderen Seite der Straße.

Und ja, das Bezahlen mit den Kyat war im ganzen Land problemlos und wir hatten eine fantastische Zeit. Schlussendlich war es tatsächlich so, wie es mir die vielen spannenden Menschen in Bangkok erzählt hatten: Es gab wunderbare Tempelanlagen, faszinierende Landschaften, gastfreundliche Menschen und großartiges Essen. Und doch bleibt eine Gegebenheit ganz oben in meinen Erinnerungen: der erste Abend mit Schwarzgeld und Tattoos in Rangun.

Abschließende Worte

Selbstmotivation ist ein starkes Wort und ich denke, dass es diese Stärke auch verdient. Für mich ist Selbstmotivation ein unheimlich wichtiger Faktor für meine Lebensgestaltung.

Ich sehe es aus der Perspektive der Existenzanalyse, nämlich dass wir immer wieder vom Leben angefragt werden. Doch wie gehen wir mit all diesen Anfragen um? Es sind wohl tatsächlich diese zwei bis dreihundert Krisen, die jeder von uns in seinem Leben durchmachen muss. Von ihnen bringen uns einige ans Äußerste des Ertragbaren. Wie ich die Krisen annehme und mit ihnen umgehe, das ist wohl einer der wichtigsten Faktoren für ein gelungenes Leben. Die Selbstmotivation ist dabei für mich der entscheidende Treiber.

Ich bin überzeugt, dass in uns allen diese Selbstmotivation schlummert. Sie gehört zu einem gesunden Menschen und ist etwas ganz Wunderbares. Mehr noch: Ohne Selbstmotivation wäre ein Leben wahrscheinlich gar nicht möglich.

Dieses Buch zu schreiben hat mir viel Selbstmotivation abverlangt. Drei Jahre lang habe ich nun daran gearbeitet. Ich habe alle in diesem Buch beschriebenen Methoden und Modelle angewandt und bin überzeugt, dass man die eigene Selbstmotivation mit ihnen sehr gut trainieren kann.

Dieses Buch soll dir einen Überblick geben, welche Möglichkeiten dir tagtäglich zur Verfügung stehen. Vielleicht ist es das allergrößte Glück, wenn man merkt, dass man in die eigene Entfaltung gekommen ist und spürt, ganz in seinem Element zu sein. Wenn man möglichst oft das tut, was man wirklich liebt. Klingt logisch, oder?

Doch weshalb tun wir dies nicht andauernd? Vielleicht, weil wir uns in dieser doch so komplexen Welt zu wenig Zeit für uns selbst nehmen? Die Ablenkungsmöglichkeiten sind heutzutage enorm. Das Handy als ständiger Begleiter, Social Media, Fernsehen und all die Dinge, die ich noch unbedingt besitzen möchte. Doch wer bewegt dich denn dazu, das Handy immer bei dir tragen zu müssen? Wer treibt dich dazu, auf all deinen Social-Media-Kanälen präsent zu sein? Wer entscheidet für dich, dass du all die neuen Dinge konsumieren oder kaufen musst?

Das bist DU allein.

Damit du deine Selbstmotivation trainieren kannst, benötigst du Muße für dich. Denn alle Methoden und Modelle beinhalten eine gewisse Zeit der Reflexion und die Zeit, dir selbst Fragen zu stellen. Passt diese Tätigkeit zu mir? Kann ich meine Fähigkeiten und Fertigkeiten in dieser Tätigkeit einsetzen? Gibt mir dieser Mensch gute Energie oder eher nicht? Wie fühlt es sich gerade an? Macht es mir wirklich Freude, das zu tun? Auch hier sind die Möglichkeiten äußerst vielseitig. Und dann geht es an die konzentrierte Umsetzung der ausgewählten Methode. Die höchste Form der Umsetzung ist für mich, wenn ich dabei in den Flow komme. Klar, das funktioniert nicht immer. Doch auch hier – oder vor allem hier – ist es die eigene Motivation, die dich dazu bringen kann: deine **Selbstmotivation!**

Danksagung

Zuerst möchte ich meinem Sohn Mathieu danken. Ihm habe ich jeweils als Erstes die Geschichten vorgelesen. Er hat diese – wie so vieles in seinem Leben – mit einer unglaublichen Seelenruhe angenommen und konstruktiv Kritik geübt.

Ich danke meinen Eltern, die die vollständig geschriebenen Kapitel als Erstes bekamen und mir ein fundiertes Feedback gaben.

Mein aufopferndes Kreativ-Feedback-Team: Monica Boos, Marco Schicker, Martin Dressler und Martin Meier. Sie haben mir mit viel Geduld immer wieder Rückmeldungen dazu gegeben, wie das Buch für sie sprachlich und auch logisch wirkt.

Ein großes Dankeschön gebührt meinen drei wunderbaren Mentoren Peter Wild und vor allem Göpf Hasenfratz und Walter Häfele für das Vorwort.

Dem Zytglogge Verlag, insbesondere Thomas Gierl und Alisa Charté, danke ich für die großartige Zusammenarbeit.

Und last but not least ein herzliches Dankeschön an Patrick Hemmelmayr für die künstlerische Umsetzung vom Cover und allen Bildern im Buch.

Literaturverzeichnis

Csíkszentmihályi, Mihály: Flow. Das Geheimnis des Glücks. Stuttgart 2017.

Duckworth, Angela: GRIT – Die neue Formel zum Erfolg. München 2016.

Frankl, Viktor E.: Trotzdem Ja zum Leben sagen. München 2009.

Hüther, Gerald: Was wir sind und was wir sein könnten. Frankfurt am Main 2017.

Längle, Alfried: Viktor Frankl. Eine Begegnung. Wien 2021.

Längle, Alfried/Bürgi, Dorothee: Existentielles Coaching. Wien 2020.

Oettingen, Gabriele: Die Psychologie des Gelingens. München 2015.

Seligmann, Martin: Flourish – Wie Menschen aufblühen. München 2012.

Shafak, Elif: Hört einander zu! Zürich 2021.

Sinek, Simon: Finde dein Warum. München 2018.

Watzlawick, Paul: Anleitung zum Unglücklichsein. München 1983.

Ebenfalls bei Zytglogge erschienen

Mathias Morgenthaler
Out of the Box
Vom Glück, die eigene Berufung zu leben
ISBN 978-3-7296-0968-6

Der Grundstein für eine ‹Anpassungskarriere› wird früh gelegt. In der Schule lernen wir, keine Fehler zu machen und durch korrekte Antworten gute Noten zu erhalten. Dieses Muster setzt sich in Ausbildung und ersten Jobs fort: Wir bringen unsere Leistung und kommen voran, indem wir Erwartungen erfüllen. Muss das so sein? Oder gibt es eine andere Art zu arbeiten, die nicht nur Erfolg, sondern auch Erfüllung verspricht? Je unberechenbarer die Arbeitswelt wird, desto wichtiger ist es, dass wir uns selber treu bleiben und aus innerem Antrieb heraus agieren. Das Buch macht Lust auf die Auseinandersetzung mit der eigenen Berufung. Es zeigt anschaulich die Vielfalt möglicher Arbeitsformen und erinnert daran, dass der Beruf nicht einfach ein Job ist, sondern die Entscheidung für eine Lebensform.

Ebenfalls bei Zytglogge erschienen

Mathias Morgenthaler, Marco Zaugg
Aussteigen – Umsteigen
Wege zwischen Job und Berufung
ISBN 978-3-7296-5085-5

Wer träumt nicht manchmal davon, sich neu zu erfinden, etwas ganz anderes zu tun, konsequenter der eigenen Berufung zu folgen? Seit Ausbruch der Corona-Krise sind viele Menschen stärker auf sich selber zurückgeworfen, Sinnfragen werden lauter. Doch stärker als der Wunsch nach Aus- und Umsteigen ist bei vielen die Verunsicherung. Sollte man nicht besser am Bestehenden festhalten, bis der Sturm vorüber ist? Nur wer in bewegten Zeiten aktiv seinen Weg sucht, kann die Chancen ergreifen, die jede Krise bereithält. Die fünfte, vollständig überarbeite Auflage von «Aussteigen – Umsteigen» richtet sich an all jene, die ihr Schicksal in die eigene Hand nehmen und ihre Veränderungswünsche in die Tat umsetzen wollen.

Ebenfalls bei Zytglogge erschienen

Nadja Schwarz
Kinder und Karriere, aber richtig!
Ein Leitfaden für Frauen, die beides wollen, und für Unternehmen, die Kompetenzen sichern möchten
ISBN 978-3-7296-5052-7

Ursprünglich ging man davon aus, es läge allgemein an geschlechtertypischen Unterschieden, dass der Frauenanteil in der Wirtschaft mit jeder Karrierestufe geringer wird. Doch heute steht fest: Der niedrige Frauenanteil im oberen Management hat in erster Linie mit der Mutterschaft zu tun. Auch wenn in der Schweiz im internationalen Vergleich sehr viele Frauen einer Erwerbsarbeit nachgehen, so tun sie dies doch meist in karrieretechnisch ungünstigen Teilzeit-Pensen. Nachhaltige Frauenförderung muss daher zum Ziel haben, ein Arbeitspensum im hohen Prozentbereich zu ermöglichen, ohne dass die Familie darunter leidet. Nadja Schwarz beschreibt in ihrem Buch, wie das gelingen kann.

Ebenfalls bei Zytglogge erschienen

Julia Kalenberg
Und jetzt zeigst du uns, wie Sterben geht
Sterben lernen heißt leben lernen
ISBN 978-3-7296-5115-9

Tod und Sterben sind nach wie vor tabuisiert, es fehlt an Vorbildern. Das macht uns hilflos, wenn es gilt, Abschied von Angehörigen, Freunden oder Kollegen zu nehmen. Wäre es nicht schön, mehr Gelassenheit im Umgang mit dem Sterben zu entwickeln? Julia Kalenberg schildert anhand von zahlreichen Beispielen, wie Abschied und Sterben gestaltet werden können und wie die Kommunikation darüber gelingen kann. Aus den sehr persönlichen Erlebnissen sind wertvolle Gedanken und Anregungen entstanden, die helfen, künftige Abschiede besser annehmen, verarbeiten und sogar mitgestalten zu können. Das Faszinierende: Die aktive Auseinandersetzung mit dem Sterben und mit der eigenen Endlichkeit bringt mehr Leichtigkeit ins eigene Leben.

Ebenfalls bei Zytglogge erschienen

Christel Maurer
Beseelte UnternehmerInnen
Plädoyer für einen Wandel in der Wirtschaft
ISBN 978-3-7296-0969-3

Die Wirtschaftsskandale der letzten Jahre haben das Unternehmertum in Verruf gebracht und hitzige Debatten über die Mass- und Gewissenlosigkeit in den Vorstandsetagen ausgelöst. Die Unzufriedenheit vieler Menschen am Arbeitsplatz ist beträchtlich. Trotzdem agieren viele Unternehmerinnen und Unternehmer, als könne nach bisherigen Mustern einfach weiter gewirtschaftet werden. Diesen düsteren Aussichten stellt die Unternehmensberaterin Christel Maurer den Entwurf eines Unternehmertums gegenüber, das nicht Teil des Problems, sondern Teil der Lösung sein will. Sie porträtiert bekannte und weniger bekannte Unternehmerinnen und Unternehmer, die sich einer sinnstiftenden Geschäftsidee verschrieben haben, um zu einem zukunftsfähigen Wirtschaftssystem und vielleicht sogar einer besseren Welt beizutragen.

Foto: Pablo Faccinetto

Serge Grünwald

Geb. 1969, arbeitete im internationalen Hotelmanagement und Tourismus. Seit 2005 begleitet er hauptberuflich Teams und Einzelpersonen bei ihrer Entwicklung (v. a. Teamworkshops, Führungstraining, Coaching, Moderation und Vorträge). Er ist Ausbilder und Dozent für verschiedene Lehrgänge für national und international anerkannte Abschlüsse sowie Stiftungsratspräsident der eigenen Familienstiftung, die sich hauptsächlich für die Bildung einsetzt.